经济管理学术文库·管理类

高校组织育人研究

Research on Organizational Education in Universities

王　帅／著

经济管理出版社
ECONOMY & MANAGEMENT PUBLISHING HOUSE

图书在版编目（CIP）数据

高校组织育人研究/王帅著 . —北京：经济管理出版社，2022.9
ISBN 978-7-5096-8727-7

Ⅰ.①高…　Ⅱ.①王…　Ⅲ.①高等学校—思想政治教育—研究—中国　Ⅳ.①G641

中国版本图书馆 CIP 数据核字（2022）第 178616 号

组稿编辑：杨　雪
责任编辑：杨　雪
助理编辑：王　慧
责任印制：黄章平
责任校对：蔡晓臻

出版发行：经济管理出版社
　　　　　（北京市海淀区北蜂窝 8 号中雅大厦 A 座 11 层　100038）
网　　址：www. E-mp. com. cn
电　　话：（010）51915602
印　　刷：唐山昊达印刷有限公司
经　　销：新华书店
开　　本：720mm×1000mm/16
印　　张：13.25
字　　数：208 千字
版　　次：2022 年 10 月第 1 版　　2022 年 10 月第 1 次印刷
书　　号：ISBN 978-7-5096-8727-7
定　　价：69.00 元

前　言

组织是社会机体的细胞，也是高校思想政治工作的重要载体和形式。随着中国改革的逐步深入，经济社会发展、科学技术进步等"社会存在"正不断丰富社会组织形式和方式的"现代性"特征。我国高等教育也在改革开放的春风中"阔步前进"，在实现高等教育从精英化向大众化转变的同时，经济社会中日趋多元的思想观念也时刻影响着高校师生的行为举止和价值观念，考量着高校组织育人实践中的价值观调适能力。党的十八大以来，习近平总书记高度重视高校思想政治工作，发表了一系列重要讲话，特别是高校思想政治工作会议以后，在中共中央、国务院印发的《关于加强和改进新形势下高校思想政治工作的意见》中，把形成组织育人长效机制作为加强和改进高校思想政治工作的基本原则之一，标志着组织育人作为一种独立的育人形式进入学者的研究视野。

本书以高校组织育人为研究主线，依循"提出问题、分析问题、解决问题"的基本思路，围绕高校"为什么要组织育人""什么是组织育人""怎么样组织育人"三个基本问题进行研究，对高校组织育人的研究背景、基本依据、特征功能、时代境遇、运行机制和实践路径进行初步探索，以促进高校组织育人研究的理论创新和体系构建，循着这一研究思路，本书着重从以下三个方面展开：

第一，高校组织育人的基本依据的探寻。高校组织育人的基本依据包括现实依据和理论依据，旨在解决高校"为什么要组织育人"这一问题。首先，对高校组织育人的现实依据进行了阐释，主要体现在"问题提出"部分，认为高校组织育人是高校完成立德树人根本目标的必要要求，是高校实现全面育人的重要组成部分，是高校思想政治工作的新要求，是高校党的建设工作的根本体现。其次，对高校组织育人理论依据进行了阐发，主要从马克思主义组织育人观、中国共产党人的组织育人思想、中国古代组织育人智慧以及西方社会组织育人观念的借鉴四个维度进行分析。

第二，高校组织育人的特征功能和时代境遇的分析。这部分研究是为了解决"什么是组织育人"的问题。本书认为高校组织育人是在高校党组织的领导下，明确群众性团体（简称群团）、学生工作、管理服务、教学科研、学生社团等组织的育人职责，发挥组织环境、组织文化、组织制度和组织活动的育人作用，统筹各类组织形成育人合力，对教育对象施以有目的、有计划、有组织的教育活动，使教育对象在参与组织活动的过程中逐渐形成价值趋同，进而实现高校立德树人根本任务的思想政治教育实践活动。在对高校组织育人的基本内涵和分类构成进行研究的基础上剖析高校组织育人的主要特征和基本功能。本书认为高校组织育人的主要特征体现在：教育实践过程的显性和隐性并存、运行机理的规范性和灵活性促进、育人效果的示范性和养成性统一、党群团组织覆盖和工作覆盖结合；基本功能体现在：党的组织具有统领功能、育人骨干具备示范功能、制度体系具有规制功能、组织文化具有涵化功能、资源协同具有整合功能。如果说特征和功能的分析是阐释高校组织育人的"应然"状态，那么时代境遇的研究则是基于高校组织育人的"实然"情况进行的分析。在第4章高校组织育人的时代境遇中，通过总结高校组织育人的成就与优势、问题与不足形成正反两方面的对比，并在新的时代背景下，剖析高校组织育人工作面临的机遇和挑战，认为全面从严治党成为新常态、立德树人的思想导向确立以及各类组织育人的积极探索实践是高效组织育人的重要机遇。同时，主体意识尚不均衡、体制机制有待理顺和育人方式方法不够灵敏是现阶段高校组织育人面临的现实挑战。

第三，高校组织育人的运行机制和实践路径探析。这一部分由高校组织育人的运行机制和高校组织育人的实践路径两章组成，旨在解决高校"怎么样组织育人"的问题。首先，对高校组织育人的运行机制进行剖析，从高校组织育人的效能生成、过程运行和效果提升三个方面进行阐述，分析了个体、团体在组织群体中的价值观念从形成、发展、升华、固化到示范的过程。同时，分析组织在育人过程中的运行动力、组织间的关系、运行保障等问题，以形成高校组织育人运行的完整链条。其次，对高校组织育人的实践路径进行阐述，分别从组织力建设、创新力拓展和整合力提升三个方面进行分析研究，通过强化组织引领、完善组织制度、丰富组织文化、建强组织队伍等措施完善各类组织的自身建设，进而提升组织育人的组织力；通过理念创新、内容创新和方式创新等措施挖掘高校各类组织的育人理念、育人资源和育人形式，进而拓展组织育人的创新力；通过平台整合、载体整合和人员整合等措施提升组织育人的整合力，旨在使高校各类组织建设和育人工作有机结合起来，形成在党组织的统一领导下，各类组织发挥育人主体作用，形成合力育人的生动局面。

目　录

1　导论 ……………………………………………………………… 1

　1.1　研究背景 ………………………………………………… 1

　　1.1.1　国家对高校思想政治工作高度重视 ………………… 1

　　1.1.2　高校组织育人的重要性凸显 ………………………… 3

　1.2　研究意义 ………………………………………………… 11

　　1.2.1　理论意义 ……………………………………………… 11

　　1.2.2　现实意义 ……………………………………………… 13

　1.3　研究现状 ………………………………………………… 14

　　1.3.1　国内研究现状 ………………………………………… 15

　　1.3.2　国外研究现状 ………………………………………… 21

　　1.3.3　研究现状述评 ………………………………………… 24

　1.4　研究思路、方法和创新点 ……………………………… 25

　　1.4.1　基本思路 ……………………………………………… 25

　　1.4.2　主要方法 ……………………………………………… 30

　　1.4.3　本书的创新点 ………………………………………… 31

2　高校组织育人的内涵、特征和功能 …………………………… 34

　2.1　高校组织育人的基本内涵 ……………………………… 34

2.1.1　高校组织的内涵 ································ 35

2.1.2　高校组织育人的内涵 ························· 36

2.2　高校组织的分类 ······································ 39

2.2.1　党组织 ·· 39

2.2.2　群众性团体组织 ································· 40

2.2.3　学生工作组织 ···································· 42

2.2.4　教学科研组织 ···································· 43

2.2.5　管理服务组织 ···································· 45

2.2.6　学生社团组织 ···································· 48

2.3　高校组织育人的主要特征 ······················· 49

2.3.1　教育实践过程的显性和隐性并存 ·········· 49

2.3.2　运行机理的规范性和灵活性相互促进 ····· 51

2.3.3　育人效果的示范性和养成性统一 ·········· 53

2.3.4　党群团的组织覆盖和工作覆盖相结合 ····· 54

2.4　高校组织育人的主要功能 ······················· 55

2.4.1　党的组织彰显政治核心的统领功能 ········ 56

2.4.2　育人骨干展现组织育人的示范功能 ········ 57

2.4.3　制度机制体现组织管理的规制功能 ········ 59

2.4.4　共同价值呈现组织文化的涵化功能 ········ 60

2.4.5　资源协同凸显组织育人的整合功能 ········ 61

3　高校组织育人的理论溯源 ···························· 65

3.1　马克思主义的组织育人观 ······················· 65

3.1.1　人与社会关系思想 ····························· 65

3.1.2　社会发展合力思想 ····························· 69

3.1.3　共青团的建设思想 ····························· 71

3.1.4　马克思主义政党建设思想 ···················· 73

3.2　中国共产党人的组织育人思想 ·················· 75

3.2.1　坚持党的领导 ································· 76

3.2.2　强化思想引领 ································· 78

3.2.3　加强组织建设 ································· 79

3.2.4　党建育人结合 ································· 80

4　高校组织育人的时代境遇 ························· 83

4.1　高校组织育人的现状分析 ····················· 83

4.1.1　高校组织育人现状调研分析 ············· 84

4.1.2　高校组织育人的优势 ················· 104

4.1.3　高校组织育人的现实考察 ············· 108

4.2　高校组织育人面临的机遇 ··················· 115

4.2.1　全面从严治党成为新常态 ············· 116

4.2.2　立德树人的思想导向确立 ············· 117

4.2.3　高校组织育人的积极探索 ············· 119

4.3　高校组织育人的时代思考 ··················· 120

4.3.1　主体意识不均衡影响育人效果 ········· 121

4.3.2　学生差异化发展影响育人效果 ········· 121

4.3.3　育人方式要与时代发展相适应 ········· 122

5　高校组织育人的运行机制 ······················· 126

5.1　高校组织育人效能的生成 ··················· 126

5.1.1　行为规范意识在群体规范中孕育萌芽 ··· 126

5.1.2　个人精神气质在组织文化中滋生涵育 ··· 128

5.1.3　个体品行发展在榜样教育中对标催生 ··· 131

5.1.4　个人价值观念在组织实践中印证养成 ··· 134

5.2　高校组织育人过程的运行 ··················· 136

5.2.1　党组织的引领力 ················· 138

5.2.2　职能组织规约力 ················· 140

5.2.3 教育对象内需力 ·· 141

5.2.4 运行过程的保障 ·· 142

5.3 高校组织育人效果的提升 ····································· 144

5.3.1 视听体验阶段 ·· 145

5.3.2 规范认知阶段 ·· 146

5.3.3 情感认同阶段 ·· 146

5.3.4 思想升华阶段 ·· 148

5.3.5 观念固化阶段 ·· 149

5.3.6 行为示范阶段 ·· 150

6 高校组织育人的实践路径 ··· 151

6.1 高校组织育人组织力建设 ····································· 151

6.1.1 强化组织引领 ·· 152

6.1.2 完善组织制度 ·· 155

6.1.3 丰富组织文化 ·· 157

6.1.4 建强组织队伍 ·· 161

6.2 高校组织育人创新力拓展 ····································· 165

6.2.1 高校组织育人理念创新 ································· 165

6.2.2 高校组织育人内容创新 ································· 170

6.2.3 高校组织育人方式创新 ································· 172

6.3 高校组织育人整合力提升 ····································· 177

6.3.1 平台整合 ··· 178

6.3.2 载体整合 ··· 179

6.3.3 人员整合 ··· 184

参考文献 ·· 187

1 导论

1.1 研究背景

1.1.1 国家对高校思想政治工作高度重视

大学生是国家的宝贵财富，是社会重要的人力资源，也是推动国家强盛、社会进步的重要力量，肩负着祖国的未来和民族的希望。大学生接受的思想政治教育效果、具备的道德品质、科学文化素养以及全面发展的水平，是关乎党和国家的前途命运，关乎中国特色社会主义事业是否后继有人的重大现实问题。在我国，高等教育院校肩负着科学研究、社会服务、文化传承、科技创新、国际合作交流等社会职责；肩负着为中国特色社会主义事业培养建设者和接班人的历史使命。同时，高等教育院校也是巩固马克思主义指导地位，丰富和发展中国特色社会主义意识形态的重要阵地，在培养能肩负民族复兴大任的德才兼备、品学兼优、德智体美劳全面发展的中国特色社会主义合格建设者和可靠接班人上承担着重大的历史责任。

21 世纪以来，中国改革开放的步伐越来越快，涉及的领域和范围越来越广泛和深入，社会发展、体制改革、经济转型、科技进步等不断变化发展的"社会存在"正在重塑着人们的"现代性"特征。随着文化思想交流、交融和交锋日益加深，我国思想政治教育研究在长足发展的同时也"遭遇"着价值观念多元、社会思潮多种、文化形态多样的社会环境影响。随着高等教育的改革发展，我国高等教育在实现从精英化向大众化转变的同时，也和时代的发展、社会的进步休戚相通，具体体现在：经济社会日趋多元化，分歧分化的思想观念正在时刻影响着高校师生的行为举止和价值观念，考量着高校师生"多与一""应然与必然"等两级关系的价值观调适能力。思想政治教育作为塑造人的思想意识形态的教育实践活动，具有维护和主导意识形态的重要功用，这就要求思想政治教育工作必须在多元、多种、多样的社会实践活动中争取主动权，占据意识形态的主导地位。

党的十八大以来，习近平总书记高度重视高校思想政治工作，发表了一系列重要讲话。习近平在全国高校思想政治工作会议上强调："高校思想政治工作关系高校培养什么样的人、如何培养人以及为谁培养人这个根本问题。要坚持把立德树人作为中心环节，把思想政治工作贯穿教育教学全过程，实现全程育人、全方位育人，努力开创我国高等教育事业发展新局面。"① 这一重要论述为新时期、新阶段、新形势下加强和改进高校思想政治工作指明了方向，准确系统地回答了高校应该培养什么样的人、如何培养人以及为谁培养人这个根本问题。

中共中央、国务院在印发的《关于加强和改进新形势下高校思想政治工作的意见》（以下简称《意见》）中明确指出，加强和改进高校思想政治工作的基本原则是：坚持全员全过程全方位育人。把思想价值引领贯穿教育教学全过程和各环节，形成教书育人、科研育人、实践育人、管理育人、服务育人、文化育人、组织育人长效机制。② 这一论述是对习近平总书记在全国高校思想政治工作会议上提出的全面育人的具体细化，明确指出了加强和改进高校思想政治工作的基本遵循，全面清晰地指明了全员全过程全方位育人的具体内容，是高校思想政治工作加强和改进的基本原则。

---

① 习近平：《把思想政治教育工作贯穿教育教学全过程开创我国高等教育事业发展新局面》，《人民日报》2016 年 12 月 9 日，第 1 版。
② 中共中央、国务院印发：《关于加强和改进新形势下高校思想政治工作的意见》，《人民日报》2017 年 2 月 28 日，第 1 版。

中共教育部党组印发的《高校思想政治工作质量提升工程实施纲要》中（教党〔2017〕62号）（以下简称《纲要》）指出，强化高校思想政治工作督导考核，把加强和改进高校思想政治工作纳入高校巡视、"双一流"建设、教学科研评估范围，作为高校各级党组织和党员干部工作考核的重要内容。各地各高校结合实际，将《纲要》实施纳入整体发展规划和年度工作计划，明确路线图、时间表、责任人。

1.1.2　高校组织育人的重要性凸显

马克思和恩格斯指出："一个时代的迫切问题，有着和任何在内容上有根据的因而也是合理的问题共同的命运：主要的困难不是答案，而是问题，因此，真正的批判要分析的不是答案，而是问题。"① 高校组织育人在现实境遇中所反映出的问题是由经济社会发展的客观现状在高校思想政治教育工作中"折射"出来的一个热点问题。在全球信息化时代，组织的形式有了更广的外延和表达，同时对现有的组织形态也有一定的冲击和影响，这是在新形势下意识形态交锋的集中体现。在这种情形下，一方面，掌握高校组织育人的主动性成为高校思想政治教育面临的时代课题；另一方面，高校组织育人重要性的凸显与高校组织育人相关研究不足的现状之间也存在着深刻的矛盾。因此，深入系统地开展高校组织育人的研究也就势在必行。组织育人作为一种独立的育人形式是高校完成立德树人根本任务的必要要求，是实现全面育人的重要组成部分，是高校思想政治工作的新要求，是高校党的建设工作的根本体现。

（1）高校组织育人是高校立德树人工作的必然要求

习近平总书记在全国高校思想政治工作会议上强调："我国高等教育肩负着培养德智体美全面发展的社会主义事业建设者和接班人的重大任务，必须坚持正确政治方向。高校立身之本在于立德树人，只有培养出一流人才的高校，才能够成为世界一流大学。"② 这一重要论述准确系统地回答了高校应该培养什么样的

---

① 《马克思恩格斯全集》第1卷，北京：人民出版社1995年版，第203页。
② 习近平：《把思想政治教育工作贯穿教育教学全过程　开创我国高等教育事业发展新局面》，《人民日报》2016年12月9日，第1版。

人、怎么样培养人以及为谁培养人这些根本原则立场问题。高校的根本任务是立德树人，立德树人是高校的立身之本，也是在高等教育实践工作中坚持党对高校的全面领导、坚持社会主义办学方向的必然要求。

第一，高校组织育人是维护高校思想政治主导权的重要体现。高校思想政治教育的日常工作一般需要依托各种不同类型的组织来完成，思想政治教育中引领、交流、阐发、互动、宣传、动员、实践等活动的开展要依托一定类型的组织，依靠一定的组织形式和组织方式来实现。只有正确认识组织育人的本质特征、基本功能、结构形式和运作机理，掌握组织育人的基本原则、运行方式、建构方法和实现途径，巩固好现有的组织育人阵地，整合有效的组织育人力量，挖掘更加有效的组织育人资源，通过有效发挥组织育人引领、管理、涵育、疏导、澄清的功能，才能将高校思想政治教育工作做到深入人心、潜移默化的程度，才能使符合社会发展要求的主流思想价值观念从内心深处影响到教育对象，不断增强高校立德树人工作的引领力、吸引力，提升高校思想政治教育实践活动的有效性和长效性，从而进一步巩固高校意识形态工作的主导地位。因此，高校组织育人的实质就是高校思想政治教育主导权在高校各类组织间有效的协同配合中的积极体现，是用高校各类组织良好的运作和组织间有效的协同配合的方式表达、建构、维护思想政治教育的主导权。

第二，高校组织育人是完成立德树人根本任务的重要载体。立德树人体现了我国高等教育的本质属性。育人是培养、塑造人的社会实践活动，这就要求育人必须以人为中心，作为教育工作的出发点和落脚点，促进青年学生全面发展。立德树人强调以德立人，这里所说的"人"，即有理想、有道德、有文化、有纪律的德智体美劳全面发展的社会主义合格的建设者和可靠的接班人。高校组织育人是高校立德树人工作的必然要求，主要体现在高校各类组织的功能服务于高校立德树人工作，各类组织理应将育人元素融于组织建设中，体现在组织文化、组织环境和组织制度中，将育人活动和组织建设有机结合。

第三，高校组织育人是高校完成立德树人根本任务的重要保障。立德树人作为高校的根本任务，既体现了新时代与时俱进的中国特色社会主义教育理论，也体现了马克思主义中国化的理论与党的教育事业的有机统一。高校各类组织的自身建设应当自觉服从高校立德树人的根本任务，并以此为中心展开工作。高校要坚持立德树人这一根本任务，真正为青年学生全面发展服务，为学生成长成才助力，使青年学生在高校学习过程中，实现知识学习、技能锻炼、价值观塑造和品德养成的有机统一。坚持立德树人更加注重追求教育的真善美，塑造学生至善纯真的心灵，把高校关于育人的目标、要求和相关的价值观教育内容转化融入高校各类组织的育人元素中去，转化到各类组织的自身建设内涵中去，通过开展组织育人活动，使组织育人元素转化为学生成长的滋养因子，促进学生的全面成长和健康成才。组织建设与高校思想政治工作有机结合体现了教育以人的全面发展为中心的本质属性和根本宗旨，明确了社会主义高校的办学方向和价值追求。

（2）高校组织育人是实现全面育人的重要组成部分

习近平总书记在全国高校思想政治工作会议上强调："高校思想政治工作关系高校培养什么样的人、如何培养人以及为谁培养人这个根本问题。要坚持把立德树人作为中心环节，把思想政治工作贯穿教育教学全过程，实现全程育人、全方位育人，努力开创我国高等教育事业发展新局面。"① 这一论述为高校思想政治工作提出了新的时代要求，即要将思想政治工作贯穿教学全过程，实现全过程和全方位育人，是我国高等教育发展必须牢牢把握的根本方向。

第一，高校组织育人是"三全"育人的重要组成。《意见》中明确指出，加强和改进高校思想政治工作的基本原则是：坚持全员全过程全方位育人，把思想价值引领贯穿教育教学全过程和各环节，形成教书育人、科研育人、实践育人、管理育人、服务育人、文化育人、组织育人长效机制。② 这一论述，明确指出了加强和改进高校思想政治工作的基本遵循，全面清晰地指明了全员全过程全方位育人的具体内容，是高校思想政治工作加强和改进的基本原则。《纲要》中还指出："充分发挥课程、科研、实践、文化、网络、心理、管理、服务、资助、组织等方面工作的育人功能，挖掘育人要素，完善育人机制，优化评价激励，强化

① 习近平：《把思想政治教育工作贯穿教育教学全过程　开创我国高等教育事业发展新局面》，《人民日报》2016 年 12 月 9 日，第 1 版。

② 中共中央、国务院印发：《关于加强和改进新形势下高校思想政治工作的意见》，《人民日报》2017 年 2 月 28 日，第 1 版。

实施保障，切实构建'十大'育人体系。""把组织建设与教育引领结合起来，强化高校各类组织的育人职责，增强工作活力、促进工作创新、扩大工作覆盖、提高辐射能力，发挥高校党委领导核心作用、院（系）党组织政治核心作用和基层党支部战斗堡垒作用，发挥工会、共青团、学生会、学生社团等组织的联系服务、团结凝聚师生的桥梁纽带作用，把思想政治教育贯穿于各项工作和活动之中，促进师生全面发展。"①《纲要》是高校思想政治工作"由全面施工到内部精装修"的重要举措，为高校思想政治工作落细、落小、落实描绘了施工蓝图。贯穿《纲要》始终的思路是聚焦高校立德树人实践过程中的短板弱项，坚持问题导向，将高校育人工作中出现的不平衡不充分问题作为工作细化的目标，进行"靶向施策"，着力构筑一体化育人体系，打通育人"最后一公里"，以确保高校思想政治工作质量提升工程在实践过程中落地生根。

第二，高校组织育人是实现全面育人的实践路径。在高校立德树人工作实践中，形成"三全"育人大思政格局既是提高高校思想政治工作质量的重要举措，也是经济社会发展现状下高校适应经济社会发展的需要，还是坚守立德树人根本"初心"的必然选择。在此格局下，高校组织育人工作是实现全面育人的必然路径。高校组织育人蕴含全面育人的内在要求，具有提供全面育人的组织保障和桥梁纽带的功能。在高校育人实践活动中，必须依托各类组织平台开展相关育人工作，各类组织承担着重要的育人职责和功能，党组织发挥立德树人工作的主体责任，起到组织保障功能；群团组织发挥着工人阶级主力军、共青团员和青年学生生力军的重要作用，具有桥梁纽带功能；挖掘行政职能组织在日常管理、服务业务开展过程中的育人元素，发挥其行政职能中蕴含的育人功能；还有承担通识课教育教学的组织，这类组织发挥着美育、体育等全面素质教育的功能；学生社团组织发挥着提升学生兴趣爱好、引导学生全面发展的功能，这些组织在党组织的统一领导下形成协同育人合力，共同助力于高校"三全"育人工作的实现，体现了高校全面育人的内在要求，是实现高校全面育人目标的重要组成部分。

（3）高校组织育人是高校思想政治工作的时代要求

时代的发展、科技的进步、全球化的浪潮、多元化的价值观念和"中国梦"的实践要求，这些政治、社会、科技因素杂糅在一起，倒逼高校思想政治教育工作必须紧跟时代发展步伐，主动回应青年学生现实关切，高校立德树人工作只有不断加强组织自身建设和思想引领的水平，才能满足时代发展对高校思想政治教育实践工作提出的新要求。

《纲要》提出，高校思想政治教育实践工作总的目标是："以立德树人为根本，以理想信念教育为核心，以社会主义核心价值观为引领，以全面提高人才培养能力为关键，强化基础、突出重点、建立规范、落实责任，一体化构建内容完善、标准健全、运行科学、保障有力、成效显著的高校思想政治工作质量体系，形成全员全过程全方位育人格局，切实提高工作亲和力和针对性，着力培养德智体美全面发展的社会主义建设者和接班人，着力培养担当民族复兴大任的时代新人，不断开创新时代高校思想政治工作新局面。"[1]

随着高等教育的改革和发展，高等教育逐步从精英化教育向大众化教育转变。截至 2015 年 5 月 21 日，全国高等学校共计 2845 所，其中，普通高等学校 2553 所（含独立设置民办普通高校 447 所，独立学院 275 所，中外合作办学 7 所），成人高等学校 292 所。[2] 高校的在校生规模也在逐年攀升。新时代首次全国教育大会，开启了高等教育的新征程。毛入学率达到 45.7%，在校生规模超过 3700 万人，这艘堪称世界高等教育的最大"航母"正驶入由大到强的新航道。[3] 我国从教育规模来看，堪称教育超级大国，甚至比许多国家的人口都要多，接受高等教育的在校学生年龄集中在 17~28 岁，正处在青春活力绽放、价值观念趋于定型的人生阶段。

第一，高校组织育人回应科技发展对高校思想政治工作的挑战。互联网是高

---

① 中国教育报评论员：《着力构建一体化育人体系　打通育人最后一公里——高校思政工作质量提升工程实施纲要发布》，《中国教育报》2017 年 12 月 7 日，第 1 版。

② 中国教育报评论员：《教育部发布 2015 年全国高等学校名单》，《中国教育报》2015 年 5 月 22 日，第 1 版。

③ 中国教育报评论员：《面向未来，与国家发展同频共振——教育部直属高校工作咨询委员会第 28 次全体会议侧记》，《中国教育报》2019 年 1 月 18 日，第 1 版。

校思想政治教育工作的最大变量。当今社会是一个科技进步日新月异的时代，电子产品的迭代周期由 20 世纪 90 年代的五年缩短到现在的 18 个月。迭代周期的大幅缩短带来的不仅是电子产品的更换周期加快，更多的是科技在电子产品中应用的体现，从之前电子产品仅能满足通话、收发邮件和短信、浏览图片和新闻，到现在的移动支付、大数据、物联网、全媒体推送等。这些科技的迅猛发展给人们的生活带来极大的便捷，不仅能从衣、食、行、用上满足人们的生活需求，更能通过移动自媒体的方式，让每一个移动终端的"客户"感知到世界的"声音"。同时，科技的进步已然打破了现实空间带来的物质壁垒，人们可以足不出户浏览、感知世界的"脉动"，手指一点就能轻松享受诸多"上门服务"，网上购物可以实现高效全方位的购物体验，以上诸多科技带来的变化已然在潜移默化中影响在校大学生的行为举止和生活习惯。从每学期开学放假前后、"双十一"前后各大高校快递服务站点加班加点的昼夜忙碌、宿舍和高校门口等待"领餐"的快递小哥、校园道路上人头攒动的"低头族"，就可以判断出大学校园已经不再是受场域壁垒所限的"象牙塔"，科技的发展已经悄无声息地将大学生群体带入社会经济生活中并与之融为一体。

第二，高校组织育人回应经济全球化对高校组织育人工作的冲击。全球化浪潮是思想政治教育的最大挑战。经济和科技的全球化必然带来意识形态的多元化与冲突。人们的世界观、人生观和价值观冲破了之前的社会、媒体、高校、家庭单方面的"教育"，取而代之的是在通过自我观察、感知、理解、思考的基础上进行价值观的判断。在这种情况下，在高校的思想政治工作实践中，单一的育人形式、单向的"教育"和单独的某个组织开展大学生的意识形态塑造工作的难度和效果可想而知。

当代大学生群体年龄在 17～28 岁，这一代青年人刚好能赶上并见证两个一百年目标的实现，他们不仅是"中国梦"的见证者，更是"中国梦"的实践者、建设者和成果的分享者。这些年青一代的思想素质、政治素养、法治意识、知识技能不但会影响个人的职业生涯和人生规划的实现，还会影响"中国梦"的实现。因此，在社会经济发展、科技革命、全球化浪潮、伟大"中国梦"实践的新时代背景下，高校思想政治工作面临着新的时代要求，必须感受新变化、接受新挑战、适应新要求。在高校思想政治工作中，加强党对高校的统一领导，挖掘各类组织的育人元素，发挥各类组织的育人功能，只有各类组织共同作用才能使作用的效果明显、长久。

第三，高校组织育人体现了高校思想政治工作在新的时代背景下的回应，体现了思想政治工作与时俱进的理论品质。《意见》和《纲要》的颁布凸显党和政府对高校思想政治工作的时代回应，在新的历史背景下，对如何开展好高校立德树人工作提出了新的时代要求和具体的落实举措，既搭"框架"又搞"精装"。在新的时代条件下，我国思想政治教育面临着价值选择多元、文化形态多样的复杂社会现状，文化思想交流、交融日益加深。思想政治教育作为塑造人的思想品德修养的社会实践活动，在上层建筑中，有着维护和建设主导意识形态的重要作用。因此，思想政治教育必须在多元、多样、多变的社会实践活动中争取主动权，这既是高校思想政治工作在新时代、新形势下对高校各类组织开展育人工作提出的新要求，也是组织育人为适应时代发展需要，在思想政治工作方式方法创新上的体现。

（4）高校组织育人是高等教育党的建设的根本体现

习近平总书记在全国教育工作会议上强调，党的十八大以来，我们围绕培养什么人、怎样培养人、为谁培养人这一根本问题，全面加强党对教育工作的领导，坚持立德树人，加强学校思想政治工作，推进教育改革，加快补齐教育短板，教育事业中国特色更加鲜明，教育现代化加速推进，教育方面人民群众获得感明显增强，我国教育的国际影响力加快提升，14 亿中国人民的思想道德素质和科学文化素质全面提升。[①] 习近平总书记在调研南开大学时强调，高校党组织要把抓好学校党建工作和思想政治工作作为办学治校的基本功。[②]

习近平总书记在全国教育大会上强调，要坚持中国特色社会主义教育发展道路，培养德智体美劳全面发展的社会主义建设者和接班人。加强党对教育工作的

---

① 习近平：《坚持中国特色社会主义教育发展道路　培养德智体美劳全面发展的社会主义建设者和接班人》，《人民日报》2018 年 9 月 11 日，第 1 版。

② 习近平：《稳扎稳打勇于担当敢于创新善作善成　推动京津冀协同发展取得新的更大进展》，《中国教育报》2019 年 1 月 19 日，第 1 版。

全面领导，是办好教育的根本保证。教育部门和各级各类学校的党组织要增强
"四个意识"、坚定"四个自信"，坚定不移维护党中央权威和集中统一领导，自
觉在政治立场、政治方向、政治原则、政治道路上同党中央保持高度一致。各级
党委要把教育改革发展纳入议事日程，党政主要负责同志要熟悉教育、关心教
育、研究教育。各级各类学校党组织要把抓好学校党建工作作为办学治校的基本
功，把党的教育方针全面贯彻到学校工作各方面。思想政治工作是学校各项工作
的生命线，各级党委、各级教育主管部门、学校党组织都必须紧紧抓在手上。要
精心培养和组织一支会做思想政治工作的政工队伍，把思想政治工作做在日常、
做到个人。

第一，高校组织育人体现了党对高校的绝对领导。党的领导是我国高等教育
的显著标志和优势。党的十九大报告中指出："党政军民学，东西南北中，党是
领导一切的"，这对于坚持社会主义办学方向意义重大。只有坚持党的全面领导，
才能确保高校正确的发展道路和办学方向，为培养德智体美劳全面发展的社会主
义建设者和接班人提供最基本的组织保障和政治保证。

第二，高校组织育人体现了党组织发挥的育人主体作用。党对高校的全面领
导并非泛泛而谈，而是具体体现在中央和地方党委的重视上，体现在高校各级党
组织自身的建设上，体现在党组织对各类组织建设的带动上，体现在党组织在立
德树人工作形成合力过程中起组织保障的作用上。总之，高校组织育人是党的领
导在育人实践中的根本体现。党组织在高校立德树人工作实践中发挥着把方向、
谋大局、定政策、保落实的组织保障作用。在高校各类组织中，党组织具有决定
性作用。党组织在立德树人工作中处于核心主体地位，发挥着政治核心作用，具
体表现为党组织在各类组织育人实践中的政治统领、组织带领和思想引领。

第三，高校组织育人体现了党组织育人的强大优势。党组织科学的理论体
系、先进的组织文化、坚强的党务工作队伍、完善的体制机制、优秀的党员模范
群体等，既是优质的育人资源和育人载体，也是高校思想政治工作的重要教育内
容和教育载体，党组织建设的有序推进和良性运转有利于高校思想政治工作的进
一步加强和提升。同时，党组织在高校立德树人工作实践中肩负着重要的责任主
体使命，肩负着总揽全局、协调各方的主体作用。这种主体作用是党的基层组织

建设的必然要求，反映了党组织在完成高校立德树人根本任务中所起的组织保障作用，体现在两个方面：一是党组织带领各级各类组织形成育人合力；二是党组织统筹各类育人形式和组织育人共同构筑高校育人协同体系。因此，高校党领导是高校组织育人的组织保障，高校组织育人是党领导在育人工作中的根本体现。

1.2　研究意义

马克思指出："每个时代的谜语是容易找到的。这些谜语都是该时代的迫切问题，如果说在答案中个人的意图和见识起着很大作用，因此，需要用老练的眼光才能区别什么属于个人，什么属于时代，那么相反，问题却是公开的、无所顾忌的、支配一切个人的时代之声。问题是时代的格言，是表现时代自己内心状态的最实际的呼声。"① 马克思认为，问题是客观必然的，而对问题的回答却带有个人主观意志，可见，问题是唯一的，而回答却因个人的主观意图和见识水平而呈现多样的面貌，高校组织育人的问题同样如此。高校组织育人问题的实质就是以高校各类组织活动的开展、组织队伍的建设、组织机制的设计来建构与维护思想政治教育主导权的问题。对于这一实质，可从理论和实践两个层面进一步展开分析。

1.2.1　理论意义

系统而深入地研究高校组织育人的内涵本质、剖析高校组织育人的基本特征和功能，探索高校组织育人的思想理论渊源，分析高校组织育人的运行机制，客观认清高校组织育人的现实境遇，进而阐析高校组织育人的实践路径，对于贯彻落实高校立德树人根本任务，深化高校思想政治教育研究具有重要意义。

第一，深化高校思想政治理论研究。思想政治教育作为一种客观的社会实践

---

① 《马克思恩格斯全集》第 1 卷，北京：人民出版社 1995 年版，第 203 页。

在阶级社会是普遍存在的。组织育人是思想政治教育的表现形态之一，在高校思想政治教育实践中，许多育人活动是依托各类组织开展的，各类组织的建构情况如何，队伍建设、体制机制、组织建设如何，各类组织之间是否在党组织的统一领导下形成协同的育人体系等都会影响高校思想政治工作的效果和质量。高校组织育人研究从组织学的视角对思想政治教育领域的主要理论问题，尤其是思想政治教育的主导权问题、思想政治教育的主体和客体的关系问题、思想政治教育的内容设计和目标设置问题、思想政治教育环境问题、思想政治教育的载体和方法理论等进行分析和理解，对高校组织育人的本质与内涵、目标与形式、内容、结构与发展等问题进行研究和探索，结合思想政治教育学的相关基本理论作出进一步的回答。

第二，拓展高校思想政治教育研究视角。高校各级各类组织的组织方式、队伍建设、运行机制以及蕴含的育人元素都不尽相同。显性教育与隐性教育并存、专职思想政治教育与业务思想政治教育相互交织。但是，通过组织育人的方式建构和维护思想政治教育主导权这一本质属性是一致的。在高校育人实践活动中，各级各类组织间的育人方式、载体、内容都存在不同程度的差别，如何正确处理组织自身建设与思想引领之间的关系？思想政治教育领域中组织建设与思想政治教育关系是如何交叉和相互影响的？思想政治教育的目标、内容同组织育人形式之间呈现何种关系？我国高校思想政治工作在当前组织育人领域面临何种挑战又拥有何种机遇？如何适应和利用当今社会日益复杂的社会分工、组织分化、价值多元、信息繁杂、科技发展来有效开展组织育人工作？思想政治教育应该如何用好组织载体，创新组织方法、探求长效机制、提升育人效果等。这些都是思想政治教育基本理论问题在新时代组织育人视域下所形成的新的思考角度，对高校组织育人问题的研究，使思想政治教育的方式方法呈现出新的思维角度。

第三，探索高校组织育人的基本规律遵循。人的思想道德素质是辩证统一的有机体。高校组织育人既是一种独立的育人载体、模式和形式，同时又与课程、科研、实践、管理、服务、文化等育人形式相互嵌融、相互耦合、互相关联、相互渗透，还与网络育人、心理育人、资助育人相互关联，互为呼应。高校组织育人的内在契合高校思想政治教育的目标、载体、形式和作用，有益于大学生思想道德品德的形成和价值观念的养成，通过研究高校组织育人的特征、功能、运行机制，进而探索高校组织育人的实践路径，将这些研究的有益成分运用到高校育人实践中，并和其他育人形式形成协同效应，共同构筑高校全员全过程全方位的育人模式，助力高校立德树人根本任务的实现具有重要的理论意义。

1.2.2 现实意义

高校组织育人研究不仅在理论层面具有意义，在实践层面也具有意义。

第一，探索组织育人在全面提高高等教育质量中发挥的重要作用。

本书通过对高校各类各层级组织系统架构进行梳理研究，探求高校思想政治教育话语权和主导权在组织建设和组织架构间的表现形式，考察思想政治教育的主要组织实践形式、组织育人元素作用机理和组织育人运行机制，分析当前社会发展、技术进步、文化繁荣、需求变化给思想政治教育主导权带来的机遇和挑战。探索在这种态势下，如何在高校组织育人过程中、在组织架构内有效开展育人活动。组织育人元素如何实现有效的话语转化，各类组织之间如何形成合力效应，各种育人形式如何形成协同效应，组织文化如何在与其他各种思想观点的互动、交流中立足和发展。本书通过考察思想政治教育的议题设置能力、组织影响力、教育引导方式方法等方面，研究高校组织育人的提升效果。紧密联系高校现实，在社会关系、教育关系、组织关系的交织结合中考察和研究高校组织育人的生成和运用，尤其注重高校组织育人能否在实践过程中体现自觉性，掌握主动权和发挥互动性的问题。注重高校组织育人在党组织、群团组织等主导性组织中的功能巩固和作用强化，在学工组织中的育人功能，在教学科研组织中的价值引导，在管理服务和学生社团组织中的价值观营造，在信息时代对信息技术的有效利用，特别是在依法治国和从严治党背景下加强组织制度建设以期形成自觉效应，探求高校组织育人的长效机制和效果提升。

第二，探索高校组织育人在增强"三全"育人有效途径中的作用。

习近平总书记在讲话中指出，教育强则国家强。高等教育发展水平是一个国家发展水平和发展潜力的重要标志。实现中华民族伟大复兴，教育的地位和作用不可忽视。我们对高等教育的需要比以往任何时候都更加迫切，对科学知识和卓越人才的渴求比以往任何时候都更加强烈。党中央作出加快建设世界一流大学和一流学科的战略决策，就是要提高我国高等教育发展水平，增强国家核心竞争力。[①] 大学生承担着中国特色社会主义事业合格建设者和可靠接班人的历史使命。当今，世界范围文化思潮相互交流，面对日益多元的社会文化思潮，日益激烈的社会竞争压力，日益复杂的国内外环境，日益多样的思想政治教育载体，日益鲜明的当代大学生个性发展诉求，这些都需要我们进一步完善高校育人的体制机制，优化育人环境氛围。《意见》中指出，坚持全员全过程全方位育人。把思想价值引领贯穿教育教学全过程和各环节，形成教书育人、科研育人、实践育人、管理育人、服务育人、文化育人、组织育人长效机制。[②] 高校组织育人研究就是既要研究高校各个组织育人的功能特点，又要与教书育人、科研育人、实践育人、管理育人、服务育人、文化育人相互融合、互相关联、相互渗透，内在契合高校思想政治教育的目的、意义、内容和方式，和其他形式的育人方式形成协同效应，构筑高校坚持全员全过程全方位的育人模式，致力于高校大学生思想道德素质的形成，致力于高校思想政治工作主导权的巩固和加强。

1.3　研究现状

通过对当前高校组织育人研究的相关成果进行汇总、梳理、归纳、分析，了解高校组织育人研究的现状，以便从个别认识上升到一般认识，进而把握组织育人工作的理论支撑和学科规律，厘清高校组织育人的发展趋势，为研究提供理论支撑和方法启示，这是高校组织育人研究的现实需要和基本前提。

[①] 习近平：《把思想政治教育工作贯穿教育教学全过程　开创我国高等教育事业发展新局面》，《人民日报》2016年12月9日，第1版。
[②] 人民日报评论员：《关于加强和改进新形势下高校思想政治工作的意见》，《人民日报》2017年2月28日，第1版。

1.3.1 国内研究现状

为了更好地研究"高校组织育人"问题，笔者以"高校"和"组织育人"为检索条件在中国知网（CNKI）上进行关键词检索，并对 1990~2020 年的相关文献进行文献统计分析，表 1-1 中反映的是不同检索条件下检索到的学术期刊上发表的文献数目。

表 1-1　1990~2020 年学术期刊上关于"高校组织育人"的文献数目　　单位：篇

	全部期刊检索		中文核心期刊检索	
	精确搜检	模糊搜检	精确搜检	模糊搜检
主题	97	781	26	86
关键词	5	188	3	83
篇名	6	44	4	16

从表 1-1 中可以看出，1990 年以来，各类组织育人的相关文献总量不少，但是专门研究组织育人并且以此为关键词或者是文章题目的文献却不多，如果将检索的范围缩小至高校组织育人研究，相关的文献资料量更少，其中，在精确搜检条件下，刊发于核心期刊中且专题研究高校组织育人的学术论文仅有数篇。

在中国知网进行资料检索，关键词为"高校组织育人"，共检索到相关文章5 篇，分别是：《新育人格局下高校组织育人论略》《网络热点事件融入新时代高校组织育人工作研究》《高校组织育人协同体系建构及其功能实现》《高职院校组织育人机制研究》《高校组织育人协同体系建构途径分析》。相关的文献主要集中在党组织育人、团组织育人、全员育人、非正式组织育人、社团组织育人、后勤服务组织育人、工会组织育人、学生资助服务育人等。鉴于检索"高校组织育人"关键词得到的文献资料较少，随即将检索关键词分别进行细化进行检索，将主题关键词扩大到"组织育人"，共检索出相关文献 180 篇，刨去无用文献和相关度不高的文献，共梳理出 24 篇文章，主要围绕"三全"育人、公益支教组织、后勤服务育人、档案馆育人、党支部组织生活育人、党建文化育人、党建与思想政治教育协同育人、共青团育人、党建带团建、协同体系建设、贫困生社团组织建设、社团组织育人机制等方面开展育人研究工作。将主题关键词进一步细化至"党组织育人",共检索出相关文献45篇,刨去无用文献和相关度不高的文献,共梳理出24篇文章,基本围绕发挥高校基层党组织育人保障功能、党组织发挥育人功能、党组织育人现实考察与提升路径探析、党史育人作用、服务型学生党组织建设研究、学生社团党支部服务育人等方面展开研究。将主题关键词进一步细化至"团组织育人",共检索出相关文献16篇,刨去无用文献和相关度不高的文献,共梳理出8篇文章,基本围绕党团协同育人、团组织的结构模式、"大思政"格局中团组织的作用、基层团组织"微博矩阵"育人、团组织育人效果评价体系构建等方面开展研究。

当以"高校"和"组织"作为检索条件并在中国博士学位论文的全文数据库中进行精确检索的时候,发现从1990年至今,与此主题相关的思想政治教育论文共有78篇,而当把包含的检索条件缩小至"高校组织育人"时,以此为题名或关键词的论文均为0篇。

在检索和研究相关文献资料与专著的基础之上我们发现,国内学者对于组织育人的研究主要集中在以下几个方面:

第一,对高校育人组织的界定。曹锡康(2018)认为:"组织"主要包含以下几类:①党的组织;②党领导下的群团组织,如工青妇组织、学生会(研究生会)等;③党的统一战线组织,如各民主党派组织和统战团体等;④学术组织,如学术委员会、教授委员会、专家委员会等;⑤基层自治组织,如教工社团、学生社团等;⑥专门工作机构或组织,如关心下一代工作委员会、红十字会等;⑦与学校相关的社会团体,如校友会、以学校名义设立的基金会等。① 吴学兵和陈燕玲(2018)认为,组织作为当今高校体制架构的一部分,一般包括党政组织、群组织、团组织以及大学生自治组织,也涉及各种研究性学术组织。② 我们认为高校组织育人的育人主体是多方面的,但是既要和其他育人形式的主体相区别,同时也要避免将太过"小众"的育人主体纳入研究范围,分散研究者的注

---

① 曹锡康:《高校组织育人:现状考察与机制构建》,《思想理论教育》2018年第11期。
② 吴学兵、陈燕玲:《新育人格局下高校组织育人论略》,《教育评论》2018年第6期。

意力。党组织是高校组织育人的核心主体，群团组织也是高校组织育人的主体，教务教学机构中承担美育通识课程任务的组织也应该归在高校组织育人的主体范畴之中。同时，各类管理、服务机构中和教育对象"一线"接触，能够对教育对象起到育人作用的群体也理应成为组织育人的主体范畴。

第二，高校组织育人的重要意义。改革开放以来，特别是 21 世纪以来，高校思想政治教育工作的内外部环境发生了较大的变化，加强高校党建工作，进一步加强高校各类组织的育人工作势在必行，特别是在高校思想政治工作会议召开以后，进一步加强高校党建工作，以党的建设带动各类组织提高育人水平已经成为业界共识。陈荣武（2018）认为，党对加强和改进新形势下高校思想政治工作进行了科学研判和全面战略部署，构建了包括组织育人在内的高校"七个育人"一体化和"十大育人体系"质量提升工程，凸显了组织育人在高校思想政治工作中的重要地位和重大价值。如何坚持在党组织的统一领导下，通过组织育人协同体系的建构及其科学运行，高质高效发挥不同属性、结构、种类、特征的组织在育人中的协同作用，在实现组织独立功能的同时最大限度发挥组织整合功能，促进"大思政"协同效应，[①] 发挥高校组织育人的最大功效。

第三，高校组织育人工作面临的挑战及原因分析。柏育红和楚恒体（2019）在分析了当前高校组织育人的一系列现状后指出，政治性弱化、领导力减弱、责任体系模糊不清是高校组织育人现阶段面临的挑战，帝国主义和文化霸权主义通过互联网将具有政治倾向的理念传入中国，对尚未形成独立成熟价值观的大学生产生了影响。这是因为生活在象牙塔里的大学生对社会和政治并未形成一个完整的认识，特别是对霸权主义国家的政治发展历程不够了解，很容易被其披着民主自由的外衣所蒙骗。[②] 陈荣武（2018）认为，高校中党的领导和思想政治工作面临市场经济、改革开放和外部环境等考验，新自由主义、功利主义、消费主义、历史虚无主义等社会思潮对高校思想政治工作带来挑战和冲击，体现为高校思想政治工作出现了一定程度的政治功能和政治性有所弱化的现象。组织育人存在一

① 陈荣武：《高校组织育人协同体系建构及其功能实现》，《思想理论教育》2018 年第 3 期。
② 柏育红、楚恒体：《高校组织育人协同体系建构途径分析》，《中国多媒体与网络教学学报》2019 年第 1 期。

定的各自为政、组织育人功能和实施行动"碎片化"、组织之间协同力和联系力不强，以及组织育人的政治功能、思想引领功能、管理约束功能、服务功能等出现失衡现象，组织系统协同效应存在一定的缺席、缺位和缺失现象。① 李荣胜（2016）认为，我国的党建工作在领导班子建设、机制体制建设、基层组织建设、思想政治教育建设等方面仍然存在着一系列亟待解决的突出问题。② 单飞（2013）认为，高校基层党组织在组织建设中存在基层党组织设置不够完善、支部书记选配难、大学生党员发展数量和质量不平衡、党委党校培训功能不健全、党员组织生活会形式单一乏味等问题。③

第四，高校组织育人的实践路径问题。关于高校组织育人的提升和实践方式与方法，国内学界探讨的比较多，观点不一而足。在党组织的统一坚强领导下，这一点已经达成共识。由于对高校各类组织的范围定位有宽有窄，所以途径和方法的选择也各有不同，比较有代表性的有：陈荣武（2018）从构建高校组织育人协同体系的角度出发，认为必须切实加强党对高校组织育人协同体系的全面领导、夯实协同体系的责任性、有效提升组织育人协同体系的组织力、建立健全协同体系的述评机制以及深化拓展协同体系的阵地、载体和平台等，进而提升高校组织育人的能力建设。④曹锡康（2018）从构建高校组织育人长效机制的角度出发，认为必须构建以高校党组织建设带动其他基层组织建设机制、构建以思想价值引领为重点的组织功能发挥机制、构建以不断强健党组织和各类组织带头人队伍为担当的队伍建设机制、构建全程全方位育人的组织资源整合与配置机制以切实优化高校其他基层组织育人资源配置。⑤ 孙健（2016）认为，发挥党组织的领导优势，将培育和践行社会主义核心价值观纳入学校发展的战略规划中；将培育和践行社会主义核心价值观作为思想政治教育的重要内容；发挥党员的先锋模范作用，培育良好的教风和学风，形成优良的校风；发挥党组织的组织优势，精心组织校园文化活动。⑥ 李荣胜（2016）认为，加强和改进高校党建工作，要围绕

①④　陈荣武：《高校组织育人协同体系建构及其功能实现》，《思想理论教育》2018 年第 3 期。
②　李荣胜：《新形势下高校党建存在的问题及对策》，《中州学刊》2016 年第 4 期。
③　单飞：《新形势下加强高校基层党组织"五位一体"建设的思考》，《前沿》2013 年第 9 期。
⑤　曹锡康：《高校组织育人：现状考察与机制构建》，《思想理论教育》2018 年第 11 期。
⑥　孙健：《高校党组织培育社会主义核心价值观路径研究》，《高校学刊》2016 年第 2 期。

领导班子建设这一关键展开，落实和完善党委领导下的校长负责制，不断夯实基层党组织基础，改进青年教师和大学生思想政治教育。① 李莉（2004）认为，积极推进社团活动进公寓，首先是实现社团活动的社会化，采取社团活动项目化管理，加快社团活动的网络化进程这两项措施是构建高校学生社团育人环境的前提；其次是将提升社团活动格调和品位性，重视社团活动的导向性作为构建大学生社团育人环境的重要手段；最后是将锻炼社团骨干队伍和引入社团激励机制作为构建大学生社团育人环境的重要保证。② 刘鑫渝和高伟（2011）认为，发挥高校社团的育人功能，要在思想观念上提升学生对社团育人功能的认识，处理好学生社团规范管理与自主发展的关系，广开资金筹集渠道，支持学生社团的建设与发展。③

第五，高校各类组织发挥的育人作用。虽然高校组织育人作为独立的育人形式刚明确不久，但是，高校各类组织开展育人活动的研究早已在业界有积极的探索和实践。首先，关于党团组织育人的重要作用，张再兴（2005）认为，高校党团组织大力开展学生思想政治教育，这是我们党的优良传统。在新的历史条件下，要从加强和改进大学生思想政治教育的迫切需要出发，充分发挥高校党团组织在大学生思想政治教育中的重要作用。④ 其次，关于团组织育人工作。沈健平（2014）认为，高校团组织在大学生思想政治教育格局中占有重要地位。高校团组织以第二课堂为主阵地，以社会实践和校园文化为载体，以思想引领和成长服务为目标开展工作，在政治、组织、行动、沟通、文化、服务等方面具有明显优势。当然，也存在少数重形式轻内容、重短期轻长效、重服从轻自主、重整体轻个体的现象。只有推进党建带团建制度化、团干部教育培训常态化、工作评价机制科学化、目标定位清晰化等方面的综合建设，才能切实有效发挥其基本职能。⑤ 王德华和陈妮娜（2011）认为，大学生非正式组织作为学生自我教育的重要平台之一，其存在是符合当代青年心理特质的客观现象，并在高校育人工作中

① 李荣胜：《新形势下高校党建存在的问题及对策》，《中州学刊》2016年第4期。
② 李莉：《努力构建高校学生社团育人环境》，《江苏高教》2004年第5期。
③ 刘鑫渝、高伟：《高校学生社团育人机制对比研究》，《中国青年政治学院学报》2011年第2期。
④ 张再兴：《充分发挥高校党团组织在大学生思想政治教育中的重要作用》，《思想教育研究》2005年第5期。
⑤ 沈健平：《高校团组织开展大学生思想政治教育研究》，《中国青年政治学院学报》2014年第5期。

发挥着积极作用，高校育人工作要通过正确认知、大力扶持、多方引导、全面把握，促进大学生非正式组织的健康发展。① 关于网络组织育人工作，蒋广学等（2014）认为，网络社会的持续发展和不断演进在重塑人类经济、政治、文化和社会生活方式的同时，也对高校的育人工作造成了全面的冲击和影响。高校要对网络育人工作进行规律探寻和理论探索，对网络舆情管理、网络文化建设和网络素养教育等工作加以系统梳理和综合创新，提炼出涵盖网络技能培养、网络发展辅导、网络人格塑造、网络人生提升等丰富内容的网络育人系统工程，为探索新时期高校网络思想政治教育工作的有效模式和长效机制提供有益尝试。② 高校的保卫组织是通过维护校园稳定，灌输国防意识来发挥组织育人的作用，其功能体现在高校的保卫组织既是校园专职保卫工作组织，同时又肩负着育人作用，沃绍根和刘申和（1998）认为，一方面，高校保卫工作能为学生成长提供良好的环境；另一方面，也可以教育学生增强必要的法制意识、国家安全意识、防范意识及自我保护意识等，从这个意义上看，高校保卫组织不但具有间接育人的功能，还有直接育人的作用。③ 后勤服务管理相关组织的育人功能体现在校园环境的营造和服务质量的感化上。郑雅萍和王静（2010）认为，使大学生在校期间就形成艰苦奋斗、勤俭节约、保护环境、尊重劳动、爱护公物、讲究卫生、文明礼貌、遵纪守法等文明道德风尚，促进了大学生思想道德素质的提高。④ 就业指导中心的育人功能体现在，在高校大学生就业形势日趋严重的当下，思想政治教育应"加强就业指导、职业生涯规划、社会实践等，实现就业指导与思想政治教育优化对接，以促进大学生就业"⑤；心理咨询组织的育人功能体现在，思想是心理现象的一部分，思想属于意识层次，心理不但包括理性认识还包括感性认识，思想对心理起支配作用，心理咨询和思想政治教育的功能是内在统一的。因此，李福林（2005）认为，心理咨询既具有思想政治教育的功能，也具有心理优化的功

① 王德华、陈妮娜：《基于自我教育功能的大学生非正式组织探究》，《教育研究》2011 年第 11 期。
② 蒋广学、张勇、徐鹏：《高校网络育人工作的系统思考与实践探索》，《思想政治工作研究》2014 年第 3 期。
③ 沃绍根、刘申和：《关于高校保卫组织育人功能问题的思考》，《中国高校研究》1998 年第 3 期。
④ 郑雅萍、王静：《论高校后勤服务育人的时代性》，《中国高等教育》2010 年第 5 期。
⑤ 屈善孝：《探析高校就业指导与思想政治教育优化对接》，《国家行政学院学报》2011 年第 11 期。

能，高校思想政治教育可以使学生树立正确的世界观、人生观、价值观和政治观，而这些观念反过来又促进学生良好个性品质的形成。① 刘鑫渝和高伟（2011）认为，高校学生社团是高校不可或缺的组成部分，对大学生有着巨大的号召力和影响力，具有其他组织不可替代的特殊育人功能。② 顾超和李青励（2016）认为，高校学生社团组织是实施素质教育的重要途径，是提高学生综合素质、引导学生适应社会、促进学生成才就业的有效方式，也是在新形势下活跃校园文化、加强和改进思想政治教育、服务学校改革发展稳定工作的前沿阵地。③

1.3.2 国外研究现状

国外高等教育通常是通过研究高校组织育人的理念、模式、方式方法来剖析学校内部组织结构、分析育人理念、把握育人方式方法、总结育人运作规律、提出合理的建构方案，实现更好的育人。本书选择美国、德国、英国、法国、日本五个高等教育较发达的国家，借鉴其高等教育育人理念、组织育人方式方法、组织结构上的优点，作为本书研究的理论借鉴。

第一，关于高校组织育人的理念。美国大学生组织管理工作是美国高等教育目标和大学目的得以实现的具体体现。对于组织育人思想，路易斯·拉思斯价值澄清理论占有重要地位，其主要观点可以形象表述为：孩子们喜欢某样东西或者对某件事情有兴趣，比他（她）年长的人应该说，"你应该喜欢这样东西或者你应该对那件事情感兴趣"，孩子们的兴趣如果来源于他们的经验，那么就与他们的生活内容相趋同了。④ 在德国的高校组织育人理念中，化育是德国教育学最核心的概念。就事实上来讲，化育对德国的教育学产生了巨大的影响，也正是基于此，使得德国的教育学有别于英国、美国等英语系国家的发展道路，化育的教育原理是激发人本身内在的、潜在的力量，将人们内心的潜在力量和谐发展成一个全面的、统一的整体，在这个化育的实践过程中需要个体人与文化活动的相互联

---

① 李福林：《发挥心理咨询在高校思想政治教育中的互补效应》，《前沿》2005年第4期。
② 刘鑫渝、高伟：《高校学生社团育人机制对比研究》，《中国青年政治学院学报》2011年第2期。
③ 顾超、李青励：《试析高校社团组织建设的多维向度》，《江苏高教》2016年第2期。
④ ［美］路易斯·拉思斯：《价值与教学》，谭松贤译，杭州：浙江教育出版社2003年版。

系和互动，通过彼此的相互交融、耦合、异化和复归等过程才能最终实现。① 法国高校组织育人的理念是：视德育教育为维护其国家统一和社会和谐的保障，并力图保持国内教育的均衡性，关键是在国家层面上通过制度设计和体制保障尽量确保平等地对待每一所高校和每一名学生，努力实现教育资源的均等化"供应"。法国的道德与公民教育，不在于树立道德楷模，而在于建立全民遵守的、普遍公认的社会规范。② 英国的高校组织育人模式通常是以服务贯穿其中，"以学生为本""为学生服务"是英国高校组织育人的理念。日本高校组织育人的理念侧重于培育具有健全人格、拥有道德判断能力的公民，并提倡在实践中提高大学生的政治素养和道德修养。

第二，关于高校组织育人的模式。各个国家的高校组织育人模式因其各自的德育理念不同和实际情况不同而有所差别。在不同的历史时期，美国高校在学生事务的组织和管理模式上体现出不同的风格特点。有学者谈到："美国高校学生管理和组织模式的思想起源于其殖民时期，而且和其宗教主义思想有密切的联系，其组织管理和事务管理模式分为代替家长制、学生事务制、服务学生制和学生发展制等这几个阶段。"③ 美国高校关于学生日常组织管理的运行机制日臻完备。法国也是世界科技、科研教育强国，其德育模式更倾向于由高校的科研组织和社会的科研机构协同育人，推动人才培养和科技进步。"以学生为本""为学生服务"是英国高校组织育人的理念，体现和强调的是对学生个体独立性的尊重，对学生个体差异需求的重视。日本的高校组织育人模式是将德育和世界政治、经济、军事等诸多领域相结合进行人生观教育，方法上侧重情感上的体验，鼓励寻求人生兴趣与意义。德国的高校组织育人模式是坚持以实践为导向，追求高度社会化，引导学生积极参与行政管理，注重学术管理，倡导服务系统的高度信息化。

第三，关于高校组织育人的方式方法。国外高校会在其德育理念和模式下根据各国的实际情况开展组织育人，主要的方式方法包含以下三个方面：

---

① 王飞：《化育——德国教育学的核心概念》，《比较教育研究》2014 年第 10 期。
② 王晓辉：《为了社会和谐：法国教育的若干政策取向》，《比较教育研究》2008 年第 4 期。
③ 曾蓉、洪黎：《美国德育的特点及其对我国大学德育的启示》，《教育探索》2012 年第 6 期。

首先，运用课堂主渠道进行道德教育。美国高校虽然少有专设的道德教育课程，但普遍开设历史、公民学类课程及有关专题。美国以法律形式明文规定，各级各类学校都必须开设美国历史课程，小学讲历史故事、伟人轶事；中学讲系统历史课，侧重于学习历史事实和过程；大学里每个学生必须要修一门美国历史课，侧重对历史的理论分析。美国通过历史教育培养学生深厚的爱国信念，树立民族自尊心与自信心。① 在德国高校的品德教育中，教学内容的根本目的在于使学生成为完整发展的个体。但是，并不是所有内容都可以实现人的完整人格的，而是需要进行筛选，筛选的依据是看内容是否有助于"化育"的实现和达成。"化育"尊重人的个性特征和发展潜能，强调个体潜能的发展和完善必须要通过个体与文化的紧密接触才能实现，保证了德国教育学在内容与个体发展、内容与道德培养等方面的和谐统一。② 英国高校通过开设道德课进行道德教育，注重利益、仪表、个人品行的教育，值得注意的是，其开设的道德课程内容不是主观设想出来的，而是从道德理论研究成果反馈、社会的反馈、学生的主观需要这三项调查研究统计汇总而形成的。

其次，覆盖面广的社团组织可以提供多元化的服务。一个显著的特点是，美国高校的学生管理和服务组织往往由专业的教师高级顾问与许多类型的顾问机构组成。这些教师和顾问机构针对不同专业的学生采取差别化的咨询服务，以此来满足学生提高专业知识技能和适应社会发展的需求。高校里特聘的或者是特设的为社会化组织提供咨询顾问服务的教师和组织往往在本领域和本专业具有较高的实践经验、知识技能和咨询经验，能够及时为学生提供成功经验与错误教训，对其进行全方位指导。美国高校还组织专业化的顾问咨询辅导组织，针对学生社团如何登记，章程如何审核，新登记注册的组织如何管理的"学生社团委员会"，确保学生社团组织沿着正态化方向发展。美国的学生社团丰富多样，社团组织异常活跃，与美国高校的学生组织管理体制机制有密切关系。法国思想家托克维尔曾提到，美国是世界上最便于组党结社和把这一强大行动手段用于多种多样目的的国家。③ 在美国，学生社团具有较强的自主性，学生会作为学生社团的领导组

① 陈俊珂：《美国大学德育的途径与方法》，《比较教育研究》1999 年第 1 期。
② 王飞：《化育——德国教育学的核心概念》，《比较教育研究》2014 年第 10 期。
③ ［法］托克维尔：《论美国的民主（上册）》，董果良译，沈阳：沈阳出版社 1999 年版。

织，一般会代表学生的基本权益，负责调配全校学生的活动资源和利益，代表全校学生管理高校各类学生组织。

最后，多样的社会实践教育注重课外活动的育人作用。美国高校十分重视社会实践教育互动，通过多元化和多渠道的社会实践模式，倡导、鼓励、引导大学生积极投身社会实践活动中，以此提高大学生适应社会的能力。有学者将美国高校的社会实践活动形式分为体验式社会实践、社区志愿实践服务、校企联合实践服务等类型。① 通过多渠道的社会实践和锻炼，使大学生能够尽早、全面地接触社会，了解社会的实际情况。

1.3.3 研究现状述评

总体来看，国内学者在高校组织育人理念、组织育人价值、组织育人模式和组织育人有益探索等方面对组织育人的各个表现形态进行了一定的研究，可以作为本书的研究基础。但现有研究现状还存在以下不足之处：

第一，理论研究视角单一，多元化的视角思维缺乏。目前，大多数学者是基于高校某一类组织的育人功能发挥的作用展开研究的，如党组织、群团组织、社团组织、后勤服务组织、网络组织、自组织、学生宿舍等。仅从一个角度发现问题、阐释问题、解释问题、提出解决方案，没有将高校组织育人作为整体来考察，各组织在育人实践中如何运行？各组织如何在党组织的领导下开展育人实践活动？各组织之间如何在党组织领导下形成育人合力？怎么进行有效整合并形成有机整体？总的来说，研究缺乏多视角和整体性。

第二，理论角度研究多，实证角度研究少。当前，关于组织育人的研究多数是理论研究，基于当前的实践工作情况和价值取向，依据国家的政策、文件，对现有的体制、机制、经验做法进行梳理和总结，能够很好地发现高校组织育人的现实紧迫性和实践路径。但是因为高校组织育人实践经验不足，很难获得第一手资料，或是没有了解教育对象的现实需求，提出的具体措施不一定有效，不能够很好落实，容易造成理论深度高、实践操作差的结果。

---

① 韩巧霞、段兴立：《美国高校的社会实践体系及经验借鉴》，《中国电力教育》2010 年第 12 期。

第三，高校组织育人实效性研究不够。目前，有关高校组织育人的研究主要围绕高校党组织建设、团组织建设、社团组织建设、保卫组织育人建设等育人特征较明显的组织开展巩固思想政治主导权的研究工作，但是其他诸如高校教学科研组织、管理服务组织和基层自治组织也有重要的育人职责和作用，如何挖掘这些组织机制和组织活动中的育人元素，激发组织运行中对大学生价值观念的影响，进而通过一定的方式方法进行指导引领，实现对思想政治教育主导权的巩固既是高校全面育人的必要使命，也是高校各类组织肩负着的政治职责和必然要求。同时，针对各类组织如何在党组织的领导下形成合力效应，各种育人形式如何形成协同效应，共同助力高校立德树人根本任务的完成，并在此基础上形成高校组织育人的实效机制，目前的研究尚不够深入。

第四，缺乏国际视野和国际比较。目前我国学界关于高校组织育人的研究主要集中在现阶段我国国内的高校组织育人情况上，对于国外有益的经验借鉴还不多，特别是关于组织行为学方面最新理论成果的转化和研究经验价值总结相对较少，对有效推动高校组织育人的全面研究缺乏有效支撑。

文献研究表明，国外研究组织学、组织行为学、管理学的相关理论较多。然而，关于高校组织育人的理论研究主要是依托价值澄清和道德认知理论开展的。因此，我们既要积极吸取国外关于组织学、行为组织学、管理学的先进理念和道德认知理论、价值澄清理论等理论思想，又要结合我国思想政治教育的基本原理和方法，立足于我国高校的实际情况，开展高校组织育人理论研究和实践工作。

1.4 研究思路、方法和创新点

1.4.1 基本思路

高校组织育人既是思想政治教育研究的新领域，也是新时代思想政治教育研究的新课题，《关于加强和改进新形势下高校思想政治工作的意见》已经将包括组织育人在内的全员全过程全方位育人工作作为加强和改进高校思想工作的基本原则之一。《高校思想政治工作质量提升工程实施纲要》也明确提出了构建包括组织育人在内的"十大"育人体系，提出要发挥高校组织的育人功能，挖掘各类组织的育人要素，完善育人机制，优化评价激励，强化实施保障。这不但是对新时代高校思想政治工作的新回应，同时，也为高校组织育人工作提供了基本的工作遵循和行动指南。

本书主要突出以下三个方面的内容：

第一，高校组织育人的内涵和分类。本书明确提出高校组织育人是依托高校各类组织开展思想政治教育的活动，是通过组织间的主导、协同形成育人合力进而有针对性地培育、塑造和提高教育对象思想道德素质的实践活动。本书从组织学的视角对思想政治教育领域的主要理论问题，尤其是思想政治教育的主导权问题、思想政治教育的主体和客体的关系问题、思想政治教育的内容设计和目标设置问题、思想政治教育的载体和方法理论，组织环境育人、组织文化育人、组织制度育人、组织纪律育人、组织活动育人的相互关系等进行分析和梳理，对高校组织育人的本质与内涵、目标与形式、内容、结构与发展等问题进行研究和探索，结合思想政治教育学的相关基本理论作了进一步回答，使思想政治教育的方式方法呈现出新的思维角度。将高校组织育人按政治和职能属性进行分类，可分为党组织、群团组织、学工组织、教学科研组织、管理服务组织、学生社团组织。分析各类组织的工作内容、组织特点、要素构成以及各类组织之间以何种形式相互影响、相互联系、相互作用、相互结合，共同构筑高校组织育人整体局面，强调高校组织育人必须坚持党的领导。同时，充分发挥各类组织的育人功能，不断挖掘各类组织的育人元素，在此基础上形成各类组织之间的协同配合，形成组织育人合力，发挥高校组织优势，提升组织育人整体效应。

第二，高校组织育人的特征功能和时代境遇。在对高校组织育人的基本内涵和分类构成的研究基础上总结高校组织育人的主要特征和基本功能。主要特征体现在：教育实践过程的显性和隐性并存、运行机理的规范性和灵活性促进、育人效果的示范性和养成性统一、党群团组织覆盖和工作覆盖结合；基本功能体现在党组织具有统领功能、育人骨干具备示范功能、制度体系具有规制功能、组织文化具有涵化功能、资源协同具有整合功能。如果说特征和功能的分析是阐释高校组织育人的"应然"状态，那么关于时代境遇的研究则是基于高校组织育人的"实然"情况进行分析。在第4章高校组织育人的时代境遇中，客观分析了高校组织育人方面存在的育人作用"层层递减"、育人主体意识不均衡、开展活动广度深度不够、形式单一协同效果差等"不足"之处，并针对新时代背景下，组织育人面临的机遇和挑战进行理性分析。

第三，高校组织育人的运行机制和实践路径探析包括高校组织育人的运行机制和实践路径两部分，旨在解决高校"怎么样组织育人"的问题。首先，对高校组织育人的运行机制进行剖析。高校组织育人是依托组织的功能和特点，由学习灌输、价值选择、价值判断、认知认同、实践固化等阶段有机构成和螺旋推进的客观发展过程。本书分别从高校组织育人的效能生成、效果发展和运行规律方面进行阐发，分析了个体和团体在组织群体中的价值观念形成、发展、升华、固化到示范的过程。同时，本书还分析了组织在育人过程中的运行动力和运行保障等问题，以形成高校组织育人运行的完整链条。高校组织育人运行规律可以从物理的力学角度来分析，由育人目标、育人要素、运行平台、运行动力、组织协调和组织优化有机构成。育人目标是高校组织育人的终极目的。基础要素运行平台由育人组织文化、育人内容、育人制度、育人模式、育人队伍构成，这是高校组织育人运行的基本要素。党组织的主导驱动力、行政职能组织的职权驱动力以及教育对象自我全面发展的内需力共同形成了运行平台的横向运转作用力。在这三股力量的协同作用下，组织运行效能呈现螺旋式运行状态，最终通过实践活动实现组织目标。在此运行机制中，组织运行的效能呈现螺旋上升状态，逐步实现各阶段的组织绩效，最终实现组织目标。在组织运行效率呈现螺旋上升过程中，组织协调和组织优化两组要素提供纵向作用力为高校组织育人达到预设目标提供组织保障。组织协调负责协调组织间、组织内部的人、物等资源的整合和配置，形成协同效应，组织优化负责组织内部的调整、重组以适应时代、环境和内外部条件的变化，使组织运行更高效地趋同于组织目标。其次，对高校组织育人的实践路径进行阐述，分别从组织力建设、创新力拓展和整合力提升三个方面进行分析研究，通过组织力建设加强高校各类组织的自身建设，通过创新力拓展挖掘高校各类组织的育人资源和育人形式，通过整合力提升使高校各类组织建设和育人工作有机结合起来，形成在党组织的统一领导下，各类组织发挥育人主体作用，形成合力育人的生动局面。

高校组织育人的实践活动和客观发展过程受到内在各组织育人的特点、特性和功能的牵制，必须依据各类组织的特点、特性开展有针对性的思想政治教育实践活动。通过分析高校党组织育人功能的强化和优化，群团组织育人功能的发挥，学生工作组织的价值引导等，在信息时代充分利用信息技术进行价值引领，利用组织学原理和传播学原理分别对高校各类组织在新时期高校组织育人实践活动中遇到的机遇与挑战进行理性分析，并提出科学的解决方案。本书强调从组织力建设、创新力拓展和整合力提升三个方面对高校组织育人的实效性提升进行阐述，通过组织力建设加强高校各类组织的自身建设，通过创新力拓展挖掘高校各类组织的育人资源和育人形式，通过整合力提升使高校各类组织建设和育人工作有机结合起来，形成在党组织的统一领导下，各类组织发挥育人主体作用，形成合力育人的生动局面。为有效开展高校组织育人工作、提升高校组织育人科学化水平提供学理支撑，本书基本结构和内容如下：

第1章是导论。本章从高校组织育人研究的背景出发，指出高校组织育人是高校立德树人工作的必然要求，是实现全面育人的重要组成部分，是高校思想政治工作的时代要求，是高等教育党的建设的根本体现。同时，分析了高校组织育人的理论指导意义和现实实践意义。通过系统对比，研究梳理国内外高校关于组织育人的相关研究现状和实践情况，利用文献研究方法、跨学科研究方法和比较研究方法，对高校组织育人研究进行系统全面的梳理。

第2章是高校组织育人的内涵、特征和功能。本章从高校组织育人的核心概念出发，对高校组织育人的内涵、特征和功能进行梳理并提炼概括，将高校组织育人的构成分为：党的组织、群团组织、学工组织、教学科研组织、管理服务组织和学生社团组织，进而对高校组织育人的主要特征进行系统、深入的分析研究，认为高校组织育人的主要特征表现在教育实践过程的显性教育和隐性教育并存，运行机理的规范性和灵活性促进，育人效果的示范性和养成性统一，党群团组织覆盖和工作覆盖结合上。高校组织育人的功能体现在党组织彰显政治核心的统领功能、育人骨干展现组织育人的示范功能、制度机制体现组织管理的规制功能、共同价值呈现组织文化的涵化功能、资源协同凸显组织育人的整合功能。本章明确了高校组织育人的基本内涵、主要特征和基本功能，并对我国高校组织育人的架构进行分类，阐述高校组织育人的相关基本理论。高校组织育人是促进人的全面发展、把握学生成长规律、符合思想政治工作规律、遵循教育规律、服务治国理政的需要，阐释高校组织育人的相关概念是开展相关研究的基础工作。

第 3 章是高校组织育人的理论溯源。本章从马克思主义组织育人观、中国共产党人组织育人思想、中国古代关于组织育人智慧、西方社会关于组织育人观念的借鉴四个维度出发系统分析阐述了高校组织育人的理论思想追溯和借鉴。

第 4 章是高校组织育人的时代境遇。本章通过分析高校组织育人的有利条件，认为党组织的领导和组织育人体系的稳定是开展高校组织育人的有利条件和优势所在。同时，针对高校组织育人体系作用的发挥、组织制度执行情况、理论教育方式方法、育人传播途径、思想政治教育者理论与媒介素养进行分析发现，目前高校组织育人还存在着党组织育人作用发挥较好，但作用效果"层层递减"，主体意识不够突出、创新发展意识不强、协同效应有待形成的问题。高校组织育人工作在全面从严治党和立德树人思想导向下面临着前所未有的发展机遇，同时主体意识不均衡面临经济社会的全面渗透，育人机制待理顺面临个体意识的差异发展以及育人方式不灵活面临信息多元的冲击给组织育人工作带来新的挑战。正反两方面的对比分析为开展高校组织育人研究提供基本的、理性分析的客观依据。

第 5 章是高校组织育人的运行机制。本章从马克思主义哲学、心理学、管理学、组织学、系统论、组织行为学等学科的理论借鉴出发，以期提高高校组织育人的有效性和长效性，围绕高校组织育人主导权的建构，从组织育人效能生成、效果发展和运行机理三个方面探寻高校组织育人的运行过程及其运行背后的机制所在。

剖析我国高校组织育人运行的过程机理，可以通过一套物理学模型阐述高校组织育人的运行机制。运行机制由育人目标、基础要素运行平台、运行动力、组织协调和组织优化有机构成。育人目标是高校组织育人的终极目的；基础要素运行平台由组织文化、组织环境、组织制度、组织队伍等要素组成，是高校组织育人运行基础的基本要素；党组织的主导驱动力、行政职权组织的职权驱动力、教育对象全面发展的内需力提供横向作用力，在这三股力量的共同推动下，组织育人运行效果呈现螺旋发展态势，最终实现组织育人的目标。在此过程中，高校组织育人的运行基础包括组织育人文化、组织育人内容、组织育人制度、组织育人队伍和组织育人模式。高校组织育人的运行动力包括党组织驱动力、职权驱动力和大学生全面发展的内需力。高校组织育人螺旋上升的动力是在有效运行动力的基础上，组织协调和组织优化共同作用下产生的。其中，组织协调是基础，组织优化是手段升级，最终达到组织育人效果螺旋式上升，整体波浪式前进的发展态势。

第 6 章是高校组织育人的实践路径。本章在把握高校组织育人基本运行规律的基础之上，结合高校实际情况，从高校组织力建设、创新力拓展、整合力提升三个方面探索高校组织育人的实效性提升路径，为贯彻落实立德树人的根本教育任务服务，为培养德智体美劳全面发展的社会主义事业合格建设者和可靠接班人的历史责任使命服务。

1.4.2 主要方法

毛泽东同志曾经指出，不解决桥或船的问题，过河就是一句空话，不解决方法问题，任务也只是瞎说一顿。[①]

马克思指出，不仅探讨的结果应该是合乎真理的，而且引向结果的途径也应当是合乎真理的。[②] 任何理论总是涉及一定的方法，研究方法是分析论证理论的思维钥匙，研究方法是否科学决定着理论研究的可信度、深度和广度。因此，没有正确的、科学的研究方法做指导，就不可能通过待研究对象的表象看透事物的本质，就不可能准确地把握高校组织育人运行的过程和其中的机理所在，为了进一步规范相关研究的方法，本书采用文献研究法、比较研究方法和跨学科研究方法。

---

① 《毛泽东选集》第 1 卷，北京：人民出版社 1991 年版，第 36 页。
② 《马克思恩格斯全集》第 1 卷，北京：人民出版社 1995 年版，第 8 页。

第一，文献研究法。文献研究法是指围绕特定的选题，通过检索、整理、鉴别、比对、分析相关文献资料，进而获得对特定选题相关研究成果现状的比较全面、清晰、准确、客观的认识方法。进行有效、有针对性的文献收集和梳理既是开展组织育人研究工作的基础和前提，也是必要的研究方法，同时也是本书最主要的研究方法。对国内外与高校组织育人相关的期刊、书籍、研究思想、理论进行梳理和归纳总结，对高校组织育人研究具有重要参考价值。

第二，比较研究方法。比较研究是指依据一定的标准对相互有关联的事物之间的相似性和相似程度进行比对、分析和判断，从而认识到事物之间的统一性和差异性，进而把握事物本质属性和特征的一种研究方法。本书采用横向和纵向相结合的比较研究方法，通过横向比较各类各级组织育人的方式、形式、特点和优势，以及高校各种育人形式的优势、特点和差异，为更加有效地发挥高校组织育人的研究提供借鉴。同时，通过梳理不同时期有关组织育人的思想渊源和理论借鉴，剖析高校组织育人的要素构成、时代境遇、现实要求，实现更加有效的组织育人研究工作。

第三，跨学科研究方法。跨学科研究是以开放的学术视野打破学科之间的学术壁垒，综合运用多学科的概念、知识、理论、方法，以各学科的相互借鉴和耦合，达到相关理论、方法、形式、手段的创新和发展，形成学科间通力协作、互荣共生、交叉借鉴的学科关系，是现代学科发展的必然趋势。高校组织育人不仅涉及马克思主义哲学、教育学、管理学、组织学、心理学、传播学等学科发展的研究智慧结晶，还吸收了协同论、系统论、整合论等学科发展的理论研究成果，通过不断吸纳、融通相关学科理论研究和实践发展的有益养分，扩展本书理论研究的视角，寻求高校组织育人研究的理论智慧，夯实高校组织育人理论建构的基石。

1.4.3 本书的创新点

本书立足于教育改革发展和有效提升高校思想政治工作质量这一主线，根据高校组织育人的研究背景明晰高校组织育人的内涵概念，分析高校组织育人在当今时代所面临的时空境遇，剖析高校组织育人的优势、取得的成绩和存在的不足。在形成正反两方面的对比之后，正视高校组织育人在当今时代所面临的挑战和机遇，进一步分析探究高校组织育人的过程运行及其组织架构的主导关系与协同关系，进而提出高校组织育人发展的实效性路径。本书主要从以下三个方面创新：

第一，高校组织育人理念的创新。本书旨在从构建"大组织"育人格局的视角出发，把高校各类组织建设和育人工作有机结合，挖掘各类组织的育人元素，发挥各类、各种和各级组织的育人功能，有效协同各类育人形式，形成高校组织育人的合力。搜索高校组织育人的相关研究现状，集中在针对某一类组织在育人功能上的发挥进行分析论证。例如，党组织育人、团组织育人、社团组织育人、保卫组织育人等。本书基于这种认识，结合现在高校全员、全方位、全过程育人的"大思政"育人格局，提出把组织育人作为高校育人工作系统性、整体性和全局性的工程，形成各类组织在育人工作上的合力，增强组织育人的引领力和组织力。

第二，高校组织育人机制的创新。梳理已有的关于高校组织育人的相关研究，发现系统地针对高校组织育人的理论研究并不多。从目前研究现状来看，多数是集中在某一类组织在育人方面功能的发挥上，而对于高校组织育人的组织分类、理论依据、实践现状、时代背景、时空境遇、过程运行和实践路径方面缺乏系统和深入的研究。高校组织育人机制的创新建立在深入探究高校组织育人的关键环节和影响因素，深刻阐释高校组织育人运行效能的生成、效果的提升和组织间的主导和协同关系的基础之上，进而优化高校组织育人的运行机制和实践路径。同时，高校组织育人机制的创新还基于对高校组织育人运行机制规律把握的基础之上，揭示高校组织育人实践机制及其组织力建设、创新力拓展和整合力提升的内在关联和规律性认识。

第三，高校组织育人研究方法的创新。首先是视角创新，当看问题的视角不同时，研究的广度和深度也不尽相同，看待思想政治教育的新特征、新功能、新机理、新问题和解决路径将发生变化，使研究成果呈现出不一样的面貌。从组织建设的视角出发"审视"思想政治教育和组织建设融合发展的问题可以增强高校育人理论的创新，提升育人方式方法，增强育人活力。其次是方法创新，本书采用多学科的研究方法，从马克思主义哲学、政治经济学、教育学、系统学、协同学、传播学等角度对比分析理论所依、实践所循、机理所在、价值所求，以期不断丰富和深化高校组织育人的理论研究，促进高校大学生的全面发展，提升高校组织育人科学化水平，为有效开展高校组织育人工作提供学理支撑。

2 高校组织育人的内涵、特征和功能

　　基本概念的阐释既是研究活动的基础，也是廓清研究对象的本质，为深入研究做铺垫。组织育人是一项系统性、体系化的育人形式，在纵向和横向上看是一个有机的组织系统。纵向上看，体现在高校校级、院级、系级三级联动的组织格局上；横向上看，体现在以党组织为主导的各类组织在育人工作的协同上。通过组织主导和协同，发挥组织活动、组织文化、组织环境和组织制度的育人功能，与其他育人形式既相互耦合，又有显著的区别。研究高校组织育人必须把握的是高校组织育人的基本概念和内涵，在此基础之上，对高校组织育人的架构进行分类，进而分析高校组织育人的主要特征和主要功能，这是开展高校组织育人研究的逻辑开始。本章内容主要从高校组织育人的基本概念内涵、高校组织育人的分类构成、高校组织育人的主要特征、高校组织育人的主要功能四个方面展开对高校组织育人基本理论的阐释，厘清高校组织的基本概念与架构，为研究高校组织育人提供基本概念内涵和体系架构支撑。

2.1 高校组织育人的基本内涵

　　内涵，是指一个概念所反映的事物的本质属性的总和。高校组织育人的基本内涵是高校组织育人概念的主要内容，在把握高校组织育人概念的基础上，对高

校组织育人的内涵进行分析有助于了解高校组织育人的本质属性和概念，进而把握其分类构成、主要特征和功能。

2.1.1　高校组织的内涵

关于高校组织的内涵的研究是高校组织育人研究的前提和重点，厘清高校组织的轮廓，把握高校、组织、高校组织的概念特征和本质内涵，为进一步开展育人研究工作打下框架基础。

第一，高校的内涵。高校即高等学校，是指在中国实施高等教育的学校，高等学校是我国针对大学、专门学院、高等职业技术学院、高等专科学校的统称，简称为高校。根据中华人民共和国教育部官网数据，截至2022年5月31日，全国高等学校共计3013所，其中，普通高等学校2759所，含本科院校1270所、高职（专科）院校1489所；成人高等学校254所。[①] 高校在校生规模连年攀升，高等教育毛入学率达到45.7%，在校生规模超过3700万人，这艘堪称世界高等教育的最大"航母"正驶入由大到强的新航道。[②] 高校在学历培养层次上可以划分为：专科学历、本科学历、硕士学历和博士研究生学历。从高校的类型上可以划分为：综合、理工、政法、师范、农林、医科、艺术、民族等。从高校的属性上可以划分为：公立大学、民办大学等。从高校的隶属关系上可以划分为：教育部直属、省部共建、省区市管辖、省区市教育行政部门管辖等。

第二，组织的内涵。《辞海》对组织的定义："按照一定的目的、任务和形式加以编制。"《牛津百科辞典》中的定义是："为特定目的所作的有系统的安排。"《现代汉语词典》记载，组织，是指"按照一定的宗旨和系统建立起来的集体"。从广义上讲，组织是各种组织要素按照一定的方式组合而成的一个具有相互联系的有机系统。从狭义上讲，组织本身带有一定的目的性，是指按照既定的目标，通过相互协助和协同集合而成的团体。在当代经济社会中，组织是社会运转的基础，是社会的细胞和基本单位。概言之，组织是按照一定的目的、依靠

---

　　① 本名单未含港澳台地区高等学校。

　　② 《面向未来，与国家发展同频共振——教育部直属高校工作咨询委员会第28次全体会议侧记》，《中国教育报》2019年1月18日，第1版。

一定的系统和形式，为完成一定的任务将各类资源相互组合而建立起来的集体。其中包含三个方面的要素：组织目的、组织形式和组织队伍。

第三，高校组织的内涵。高校作为我国的高等教育组织，肩负着培养和弘扬政治价值观念、传道授业解惑、科研创新智库、服务社会、国际交流等诸多功能和职责。高校的各种类、各层级的组织是开展思想政治工作的重要载体和场域。

高校内大大小小组织的众多，按照正常的分类，纳入本书研究范围的为两类组织，一类是按照《现代汉语词典》记载"按照一定的宗旨和系统建立起来的集体"。另一类是安排分散的人或事物使其具有一定系统性或整体。高校党组织、团学组织、工会组织、统战组织、党员之家、青年之家、工会之家可以归到第一类组织中；教学组织、管理组织、服务组织、科研机构、文化团体、实践基地、资助中心、网络组织、心理咨询中心、校友会、离退休干部组织、家长会、老乡会等可以归到第二类组织。组织育人是一项系统性、体系化的育人形式，在纵向和横向上看是一个有机的组织系统。纵向上看，体现在高校校级、院级、系级三级联动的组织格局上；横向上看，体现在以党组织为主导的各类组织在育人实践的协同中。通过组织主导和协同，发挥组织活动、组织文化、组织环境和组织制度的育人功能，与其他育人形式既相互联系又有明显区别。总体来看，高校的组织众多，类别丰富，覆盖面宽而广，这样基本把高校正常的党务、行政、教学、科研、管理、服务等育人工作都包含在内了，鉴于高校各级、各类、各层次的组织区域、类型、学段、专业和学科的多种多样，为了方便本书研究，我们将《意见》和《纲要》指出的十大育人体系：教书育人、科研育人、实践育人、管理育人、服务育人、文化育人、组织育人、网络育人、资助育人和心理育人作为梳理依据，将高校组织育人的育人主体范围框定为党组织、群团组织、学工组织、管理服务组织、教学科研组织、学生社团组织。

2.1.2　高校组织育人的内涵

自中华人民共和国成立以来，党和国家始终将教育放在重要位置，陆续提出一系列教育思想和理念，例如，"教育之本、在于育人"，"育人为本、德育为先"

等。这些教育思想和理念既得到了认真的贯彻与执行，也得到了广大师生的认同并付诸实践，促进了我国教育事业的长足发展与进步，为社会主义现代化事业提供了大批的建设者。为此，《国家中长期教育改革和发展规划纲要（2010—2020年）》中指出了国家中长期教育改革和发展的基本方针，就是讲优先发展教育、教育以人为本，通过改革创新来促进教育公平，提升教育教学质量，并且着重强调将立德树人作为教育的根本任务，发挥学生的自觉性、主体性和自主性，发挥教师的主导性和引领作用，将提升学生的全面发展作为高校工作的落脚点和出发点，反映了教育的本质和价值诉求。

"育人"一词在我国由来已久、历史源远流长。"育"在汉语词典中解释有三：第一，生育之意；第二，养育、养活；第三，带有一定目的的训练和指导，如教育、教化等。三种解释共同指出育人都是个体的成长，体现了育人有促进人的全方位发展之意。

教育的本质含义就是育人之义，育人要使教育真正站在人的立场上，以人的完善作为基本出发点，以人的发展作为衡量育人工作的基本标准和价值判断，并以此来理解、开展、运作教育行为。① 育人是自教育产生之时就具备的价值特质。育人具有以下概念和内涵：

第一，组织育人凸显以人为本的教育理念。人是社会发展的主体，以人为本集中表达了人类能够在把握社会历史发展的客观规律中实现自我价值和全面发展。以人为本作为一种人类社会发展的价值取向，要求经济社会的发展进步必须以人的全面发展为根本，以促进人的全面发展作为社会发展的动力和最终目标。

人作为教育的主体，既是日常育人活动的实施者，也是日常育人活动的承担者。这就要求教育活动必须符合人类发展的规律，社会历史进步的规律和品格形成的规律。以人为本的价值理念在教育领域体现为，教育活动是"以人为目的，高度关注人的意义、人的价值、人的尊严，是人类本能性的追求，是人的共性，是不可改变和永恒的"②。人作为社会的能动主体，有其自身发展的诉求，不同个体根据自身的需求不同而呈现出普遍的价值差异，但最本质的特征是每个人都

① 鲁洁：《教育的原点：育人》，《华东师范大学学报（社会科学版）》2008年第4期。
② 扈中平：《教育目的应定位于培养"人"》，《北京大学教育评论》2004年第3期。

是一个有待开发，有待发展的个体和状态，这种特征促成挖掘人的潜质、促进人的全面发展成为教育的终极目标所在。

第二，组织育人以"人"为根本出发点。人的全面发展是教育的出发点和落脚点。这里的人不是单个的人，正如马克思指出："人的本质不是单个人所固有的抽象物，在其现实性上，它是一切社会关系的总和。"① 育人的本质是促进人的全面发展，育人的根本立场是培养什么人、怎样培养人的终极问题。马克思对人的本质的科学表述表达了人是育人的根本主体和根本对象。在教育实践活动中，必须充分遵循尊重人的社会化属性，不但要看到作为社会成员的抽象的人，同时还要能够看到单个具体的人，尊重每一个教育对象的特殊性，从实际出发，从人本身出发，才能确保育人活动达到预期效果。

第三，组织育人活动以"育"为中心。全部人类历史的第一个前提无疑是有生命的个人的存在②。人既是自然界客观存在的生命体，也是人类社会的"细胞"，作为社会关系的产物，人必然具备社会化的属性，这也是人的本质属性。因此，育人实践活动促使人们在自然属性的基础上，发展、完善社会化属性，育人的过程其实就是促使人们从自然人向社会人过渡的过程，使其逐渐成为一个全面发展、不断完善的人。由此所知，育人是为了促使人更好地成人，育人的核心也就是通过育的过程，达到人全面发展的目的。

第四，组织育人以组织为"纽带"，高校组织育人是一项系统性、体系化的育人形式，是依赖组织的特征和功能开展育人活动的一种思想政治教育形式。作为高校组织而言，在纵向和横向上看是一个有机的组织系统。纵向上看，体现在高校校、院、系三级联动的组织格局上；横向上看，体现在以党组织为主导的各类组织在育人工作上的协同，通过组织主导和协同，发挥组织活动、组织文化、组织环境和组织制度的育人功能。

由此，我们认为，高校组织育人是在高校党组织的领导下，发挥群团、学工、管理服务、教学科研、学生社团等组织的育人职责，挖掘各类组织的育人元素，发挥组织环境、文化、制度、纪律、活动的育人作用，统筹各类组织形成育

---

① 《马克思恩格斯选集》第 1 卷，北京：人民出版社 1995 年版，第 56 页。
② 《马克思恩格斯选集》第 1 卷，北京：人民出版社 1995 年版，第 67 页。

人合力和协同效应，对教育对象施以有目的、有计划、有组织的教育活动，使教育对象在参与教育活动中逐渐形成价值趋同，进而实现高校立德树人根本任务的思想政治教育实践活动。

2.2 高校组织的分类

高校组织育人是一项系统性、体系化的育人形式，与其他育人形式既有相同之处又有明显区别。高校的组织众多，类别丰富，各级、各类、各层次的组织因为区域、类型、学段、专业和学科而多种多样。高校中的组织既可以特指党团组织，也可以是某一类群体组织，组织育人是一项系统性、体系化的育人形式，在纵向和横向上看是一个有机的组织系统。纵向上看，体现在高校校、院、系三级联动的组织格局；横向上看，体现在以党组织为主导的各类组织在育人工作上的协同，通过组织主导和协同，发挥组织活动、组织文化、组织环境和组织制度的育人功能。为了便于研究，本书将《意见》和《纲要》指出的十大育人体系：教书育人、科研育人、实践育人、管理育人、服务育人、文化育人、组织育人、网络育人、资助育人和心理育人作为梳理依据，将高校组织育人的育人主体范围框定为党组织、群众性团体组织、学生工作组织、管理服务组织、教学科研组织、学生社团组织。

2.2.1 党组织

党组织特指中国共产党组织，是指中国共产党依照章程和纲领，按照民主集中制的原则，组织起来的有机系统整体。党组织按照层级划分可以分为中央党组织、地方党组织和基层党组织三部分。同时，按照党章的规定，在企事业单位、学校、科研机构等基层单位，只要是有三人以上的正式党员的单位都应当成立党的基层组织。高校党组织是中国共产党的基层组织，在高校组织育人实践工作中发挥着组织保障作用。高校各级党组织在高校思想政治工作实践中不仅肩负着宣传党的主张、贯彻党的决定、团结动员群众、推动教育改革发展的作用，还承担着教育、管理、监督党员和组织、宣传、凝聚、服务群众的重要职责，肩负着引导广大党员发挥先锋模范作用的使命。

我国高校是党领导下的高校，在高校育人实践中，党组织发挥着重要的组织保障作用。高校党组织按层级可划分为校级党委、院（系）级党委（党总支）、系（教研室）级党支部和班舍级党小组。因此，党组织发挥育人作用可以分为三个层面：首先是宏观层面，高校党组织发挥着总揽全局，协调各方的重要宏观把控作用，发挥着领导核心作用，在顶层制度设计、机制体系建构、组织系统调整、人员配备等方面进行育人设计；其次是中观层面，院系级别党组织发挥着政治核心作用，需要处理上下级和平级之间的日常事务，既要贯彻落实上级党组织安排的具体工作，还要安排处理本单位的党建工作和思想政治教育工作；最后是微观层面，教工党支部和学生党支部发挥着基层党组织的作用，承担着培养积极分子、发展党员、教育党员、管理党员的重要职责。

2.2.2　群众性团体组织

2015 年 7 月，习近平总书记在中央党的群团工作会议上指出，群团事业是党的事业的重要组成部分，党的群团工作是党通过群团组织开展的群众工作，是党组织动员广大人民群众为完成党的中心任务而奋斗的重要工作。[①] 高校群团组织既是党落实立德树人工作的重要政治性组织，也是高校组织育人的重要组织，起着动员、引领、教育广大师生的作用，包括工会、各级共青团和学生会等组织，是服务广大教工和学生的平台，是联系广大教工和学生的桥梁和纽带，是党动员高校师生为完成高校立德树人根本任务的重要法宝和基本依靠。

第一，工会组织。中国工会是中国共产党领导的职工自愿结合的工人阶级群众组织[②]。维护职工权益、积极投身建设、参与民主管理、教育提升职工是工会的四项主要社会职能。《中国工会章程（修正案）》对此做了明确表述：中国工

---

① 中国教育报评论员：《努力提高教育系统群团工作科学化水平》，《中国教育报》2015 年 7 月 10 日第 1 版。

② 《中国工会章程》，北京：中国工人出版社 2013 年版，第 34 页。

会的基本职责是维护职工合法权益。中国工会动员和组织职工积极参加建设和改革，努力促进经济、政治、文化和社会建设；代表和组织职工参与国家和社会事务管理，参与企业、事业单位和机关的民主管理；教育职工不断提高思想道德素质和科学文化素质，建设有理想、有道德、有文化、有纪律的职工队伍。工会的这四项社会职能是相互耦合、互相联系、互为补充、不可分割的整体。高校工会是中国共产党领导下的群团组织，是高校教职员工自愿结合而成的群众性组织，肩负着维护教职工合法利益、组织动员师生围绕中心工作共同努力的职责，发挥着服务、教育、凝聚、引领教职员工的功能，通过组织活动，激发教职工爱校、荣校、爱生、育人的主体意识。

第二，共青团组织。中国共产主义青年团是由中国共产党领导的，由信仰共产主义的青年组成的群众性组织。共青团作为群团组织的重要组成部分，和党有着天然紧密的特殊关系。团组织根据党的总体部署，依照团的章程自主地开展工作，充分发挥共产主义青年团作为中国共产党的助手和后备军的重要作用。共青团组织在高校立德树人工作实践中肩负着生力军的重要使命，主要任务是围绕中国共产党的中心任务，贯彻党的教育方针，团结凝聚广大青年学生听党话、跟党走的历史使命，为当代大学生的成长成才助力，培养学生理性平和的心态、正确的价值取向、端正的人生方向、高尚的品德修养，具有较强的政治性、先进性和群众性。高校共青团的基本任务是：在中国共产党的领导下，以共产主义精神教育青年学生，帮助他们用马克思列宁主义、毛泽东思想、邓小平理论、"三个代表"重要思想、科学发展观、习近平新时代中国特色社会主义思想武装头脑，培养拥护中国共产党的领导和社会主义制度，立志成为中国特色社会主义奋斗终身的全面发展的时代新人。

第三，学生会组织。高校的学生会是在校党委的领导和校团委的指导下依托全校学生开展自我管理、自我服务的学生群众组织。学生会是学生群体组织，一般遵循"源于学生，服务学生"的宗旨，秉承"自我管理，自我完善，自我服务，自我监督"的工作原则，本着"高效、求实、团结、进取"的精神开展日常管理服务工作。学生会的功能一般是丰富在校大学生的校园文化生活、促进校园精神文明建设和提高广大学生综合素质等，因其工作性质，学生会一般由权益部、宣传部、创业与就业服务部、女生部、学术部、网络部、外联部、体育部、纪检部、安检部、卫检部、校卫队等部门组成。

2.2.3 学生工作组织

学生工作组织是指高校中专门针对在校大学生开展的以日常思想政治教育、管理、服务为主要内容的组织。组织体系包括学工部（学生处）、院（系）学生工作办公室，具体工作方式为将思想政治教育工作和日常管理服务工作相结合，通过解决思想问题和实际问题相结合的形式，开展思想政治教育工作，主要工作内容包括以下方面：

第一，指导开展大学生思想政治教育工作。通过日常的行为养成教育、理论灌输教育、榜样示范教育、思想动态调查等形式开展在校大学生思想政治教育工作，加强学生与学校的沟通与交流，维护校园安定稳定。

第二，行为养成教育。通过开展在校大学生日常行为举止养成和管理工作，培育大学生形成良好的学习习惯、文明礼仪、规范意识、爱校情怀等素养，通过开展文明宿舍评选、奖学金等荣誉评定，引导青年学生形成比、学、赶、超的学习风气，形成整、洁、美、雅、和的个人空间环境，形成集体荣誉感和集体意识。

第三，资助帮扶工作。通过学生奖贷学金、困难补助、减免缓交学杂费、国家助学贷款、提供勤工俭学岗位等，实现对困难学生的全方位帮扶，解除学生因为家庭经济条件受阻带来的学业、心理上的障碍，通过扶贫和扶志相结合，使困难学生一样拥有轻松的大学生活和愉快的成长环境。

第四，毕业生就业指导和推荐工作。学生工作组织是和学生接触最多的部门，也是最了解学生的部门。大学校园是学生步入社会的最后一个学习阶段，每年就业季，都会有企业或用人单位来学校招聘或者进行就业宣讲。毕业生的就业指导和推荐工作是培养大学生成为社会合格有用人才的最后一环。就业指导部门经常和社会上的相关单位打交道，能第一时间感知社会用人单位的用人需求、专业需求和市场饱和度等"一线"就业信息，这些信息将直接影响大学生将来能否顺利就业。就业指导部门通过适时有针对性地召开培训讲座、开设职业生涯规划课程，系统介绍相关工作，使学生可以更好地了解社会相关的专业需求情况，进而不断地调整自己在校期间的学习方向和知识储备，为顺利就业积淀知识和技能储备。

第五，辅导员的选拔、培养、指导、管理和服务工作。辅导员是思想政治教育辅导员的简称，辅导员是直接参与对大学生进行思想政治教育的群体，辅导员水平的高低和素质的优劣将直接影响高校思想政治教育工作水平的高低，影响青年学生的政治素养和高校思想政治教育工作能否扎实有效地开展。通过严把入口关、系统培养、细致指导、精细化管理和服务，使辅导员队伍真正成为青年学生思想上的导师、行为上的"镜子"、生活上的"益友"，真正成为大学生成长路上的"引路人"。

2.2.4 教学科研组织

教学科研组织指的是从事教学管理服务的组织和从事科研管理服务的组织。

第一，教务组织。教务组织是日常教学活动的主要实施者和组织者，是高校负责日常教学管理的组织机构。宏观层面上负责组织内部教学大纲的拟定，教学任务、教学目标、教学进度和管理规章制度的制定，学生学习要求、目标、计划及考试等教与学各方面的事务，以及教学检查督导评估、教师培训、教材选编。微观层面上还负责教学任务、教学目标、教学进度和教学管理制度的执行，负责对学生学习要求、学习目标、学习计划和考试的落实，同时负责对具体授课教师的直接管理、服务，协调教学检查督导和评估。教学组织还包括教学辅助组织，教学辅助组织是指对日常教学活动起辅助作用的组织，分为教学质量评价中心、教师教学发展中心、现代教学技术、网络信息管理中心、实验教学中心、体育馆等组织机构。

教学组织所管理的除专业课程之外，还包括通识课程，通识课程在一定程度上反映了学生对全面发展的需求。

通识教育（general education）是舶来品，起源于西方的高等教育思想。早在19世纪，西方的教育学家就提出了精细化的学科分化，使得学生学习的专业知识越来越精细化，与此相对应的则是学生普遍缺乏全面发展的素质和宏观的学科视野。为了防止这种教育弊端的发生，有学者提出了通识教育的理念，也就是要在教育过程中强调培养全面发展的个体。20世纪80年代，我国学者将"general education"翻译成为"通识教育"，这一翻译方式借鉴了中国传统文化中关于"通"与"识"的理念，比如，《论衡》中说，"通览古今为通人""通人胸中怀百家之言"。习近平总书记在全国教育大学上强调，要在增强综合素质上下功夫，教育引导学生培养综合能力，培养创新思维。要树立健康第一的教育理念，开齐开足体育课，帮助学生在体育锻炼中享受乐趣、增强体质、健全人格、锤炼意志。要全面加强和改进学校美育，坚持以美育人、以文化人，提高学生审美和人文素养。要在学生中弘扬劳动精神，教育引导学生崇尚劳动、尊重劳动，懂得劳动最光荣、劳动最崇高、劳动最伟大、劳动最美丽的道理，长大后能够辛勤劳动、诚实劳动、创造性劳动。[①]

通识课程包括政治理论、美育、外语、计算机、体育和军事。文化素质教育课程涉及数学与自然科学类、人文科学类、社会科学类、思想政治类、计算机类、语言类、艺术类、体育卫生类、基本技能等。从学习制度看，既有必修课程也有选修课程。从课程教学形式看，涵盖讲授课程、专家报告、专题讲座、实践课程等形式。通识课程的安排同样需要高校的教务组织和教学单位安排实施，教务组织负责课程的设计、进度的管理、规章的制定和效果的督导评估，教学单位负责的是教学任务的落实，教育效果的反馈等。

第二，科研组织是负责学校科学研究的组织，既包括学校层面的科研处，也包括院系层面的科研小组、研究所、研究中心、编辑部等组织。科研处是对高校科学研究工作实施管理和服务的组织，负责制订和落实科研发展的规划和年度计划，完善科研管理制度；服务教职工承担科研项目，对科研项目进行跟踪管理，对执行过程和结题验收进行，管理协调多学科的联合与协作；做好科研信息传递、科技统计和成果管理工作；推动学科建设，加强知识产权管理，做好科研成果的推广转化，推动产学研合作。院系层面的科研组织包括科研小组、研究所、研究院、研究中心、编辑部等，是科学研究活动的具体执行组织，负责落实科研项目。

① 习近平：《坚持中国特色社会主义教育发展道路 培养德智体美劳全面发展的社会主义建设者和接班人》，《人民日报》2018年9月11日，第1版。

科研组织的育人作用体现在提高大学生科学研究能力和水平基础之外提高其思想政治水平和道德觉悟，树立正确的科学研究方向，将科研方向和祖国的发展进步方向相趋同。从事科研工作是一项严谨、细致的脑力活动，必须有端正的科研态度，遵循客观的科学研究道路、掌握正确的科学研究方法、摒弃科研学术不端的行为，将创新、务实的科研精神融入日常的科学研究活动中去。同时，科研组织可以发挥组织制度、组织环境、组织活动、组织纪律、组织文化对组织成员的科研精神的塑造、科研行为的规范、科研能力的提高方面的影响和教育工作，提高大学生特别是研究生的科研能力、科研水平以及科研精神。

2.2.5 管理服务组织

张维迎在《大学的逻辑》一书中提及，在美国的高等教育学校里，教学人员与行政管理服务人员的比例是 1:4，甚至达到 1:5。例如，斯坦福大学共有10445 名雇员，其中，教授和其他学术人员只有 1714 人，所占比例仅为 16.4%，其余 83.6%的雇员都是行政勤杂人员。张维迎认为，一所真正的研究型大学，是需要庞大的行政性服务的。[①] 在我国也存在类似的情况，高校的专业教学人员占全体高校工作人员的比例不足一半，高校的运作是包括教学活动在内的诸多功能的存在，就像一个"小社会"一样，要有相关的管理机构维持高校的日常运作服务。大学生的科研学习任务较重，但是课堂教学时间有限，大学生多数课余时间是在教室之外的大学校园里度过的，从"大思政"视域下审视高校的育人工作，大学生在课余时间接触到的人和事直接影响了大学生价值观的成长，并且这种影响是潜移默化的。高校组织育人视域下的高校管理组织划分的主要依据是：和大学生的日常生活紧密相关，大学生可以直接接触到或者感受到相关的服务。以此为依据，将与大学生有直接关联的管理机构划分为行政管理组织、校园管理组织和后勤管理组织。

第一，行政"窗口"类组织。这类组织是肩负一定行政职能的管理组织，在高校日常管理活动中，有一些组织是和大学生发生直接接触的。例如，财务

---

① 张维迎：《大学的逻辑》，北京：北京大学出版社 2004 年版，第 106 页。

处、资助中心、档案馆、教务处、科研处、户籍室等办事大厅的"窗口"组织。这类组织主要针对大学生日常费用缴纳、资助款项发放、教学业务（重修、选修、双学位、主辅互换等）办理、科研活动（课题申请审核、项目结项审核）服务、户口迁移办理、学生档案资料的查询登记等环节，这些具体的活动分别隶属于不同的行政职能组织，各自有各自组织的工作流程和工作办法。但是对于"一线"的，也即是直接和大学生接触的工作人员的业务素养、组织环境等因素却能够对其产生直接的教育和影响作用，这些"窗口"组织能影响大学生对这些组织部门的直观印象，影响他们对相关部门的态度认知，具有直观、直接、长期的作用效果。

第二，校园服务机构。校园管理机构维系着高校校园的日常运行，校园环境作为组织环境的物质载体直接对大学生起着潜移默化的浸润作用。校园管理机构在校园环境的营造中起着决定性的设计、管理和维护职责的作用。例如，保卫部门在营造安全稳定校园环境中起着至关重要的作用，安全的校园，随处可见的安全提示、警示标志和报警装置，晚上关键路段警灯闪烁等措施和设施能够使大学生获得安全感，在这样的校园里学习和生活是学生成长和成才的基础保障。保卫部门承担着新生军事训练的任务和日常在校学生国防教育活动，通过组织实施军事训练任务、开展国防教育讲座，对学生进行军事和国防安全教育；校园环境营造，高校在日常的维护和修缮过程中，对高校的布局和重点建筑进行"顶层设计"，使高校的整体物质环境体现出大学品位、学校特色和人文精神。高校校园环境是持之以恒的育人文化载体和平台，为学生全面发展提供良好、整体、深厚的物质环境氛围，是提升高校学生文化素质和人文精神的重要载体。整洁的楼宇内环境、布局合理的空间分布、便捷的功能服务、贴心的生活服务、人文气息的环境布置、信息化的服务、安全的消防设施布置等楼宇内部环境营造，使大学生在楼宇内的学习科研活动是舒心、安心、放心、轻松和愉悦的，这些既传承高校历史文化又呼应现实主题的校园建筑环境，不仅美化了校园，而且使校园作为一个整体，为一届届师生呈现出稳定、深厚、宏阔的"校史展"。在这样的环境下，大学生才能对大学文化、大学精神产生认同感，才能进一步接纳老师讲授的知识、传授的技能和价值观念的熏陶，才能使大学生在日常的浸润中达到育人于境的作用。

第三，后勤服务组织。后勤工作直接关系到学生的生活质量，后勤管理组织对于提高学生生活宜居性、舒适性、安全性具有至关重要的作用，在高校组织育人体系中具有虽不起眼，但却起着不容忽视的重要作用。高校后勤组织中和学生日常生活接触最多的为动力维护组织、环境维护组织两类。动力维护组织是提供包括宿舍在内的校园水、电、暖、食品供应方面的组织。这些能源动力既是学生日常学习、生活、工作的基本保证，又是学生舒适感、安全感、获得感、归属感、认同感的重要来源。环境维护组织提供教学楼宇中整洁卫生的自习讨论区域、自习桌椅上精心铺设的电源和 USB 接口、宿舍楼宇中方便取读的阅报栏、公共区域的休闲桌椅、楼道之间的墙壁文化等，这些都为后勤服务人员在建设优美校园环境、打造组织环境育人提供了良好的范本。这些元素和资源的合理使用设计、安全保证措施、育人元素融入体现了后勤管理组织的水平和能力，同时也是提高育人效果最直接、最直观、最感官的方式之一。合理的校园环境布局、绿意浓稠的校园植被、干净整洁的室内外环境、舒适智能的自习室，这些都是镌刻在学生心中的美好记忆。贴心的宿管阿姨、勤劳的快递小哥、和善的食堂小姐姐、手法娴熟的后勤维修师傅，这些日常服务让学生在接受服务中懂得了尊重与被尊重、关爱与相互关爱。后勤服务和学生的衣食住行密切相关，服务保障水平的好坏直接影响着学生对后勤管理服务工作的认同感，进而影响学生对整体学校工作的认可。只有不断提升管理服务的水平和质量，在提供优质服务的同时，将"真诚、尚德、进取、担当、知恩、包容"等美德精神浸润到学生的日常生活中，融入大学生的行为观念中，进而涵养大学生的价值观念，才能让大学生在接受科学文化知识的同时，自身素养和道德品行也能得到提高和升华。

第四，校史展览机构。校史馆、展览馆、档案馆是高校自身建设历史的生动呈现和回溯，是鲜活的历史教科书。校史展览机构是负责高校档案的收集、保管和提供学校档案的专门机构，也是收集、整理、保管、修缮、展览校史资料的专门组织，还是承担高校档案管理服务、校史资料收集、修缮和展出的管理组织，承担着收集材料、修缮史料、展览资料、宣传校史校荣的重要职能。

首先是校史馆。校史馆既是学校的编年史，也是陈列学校发展历史、展示学校办学过程的场域，是反映高校不同时期办学情况的载体和展示平台。校史馆还是集中展示高校校园文化的重要平台之一，学校多年来积累形成的优秀的办学传统和优良的办学资源，形成的优良的校园风气和精神气质都可以通过校史馆开办的一系列展览进行通俗的表达和集中的展示。

其次是展览馆。展览馆是展出临时陈列品的建筑场域。高校展览馆按照展出内容分为综合性展览、专业性展览和思想政治类展览三类。例如，立德树人专题展览馆可以向受众全面展示高校在立德树人活动中的举措、方式、途径、成绩，使受众能够直观、生动、丰富地感知高校立德树人的整体工作目标、思路、做法，对整体育人工作有全局性的认知和了解。

最后是档案馆。高校档案馆是根据高校的史料情况，将具有保存价值的学生成绩、录取、毕业、文史档案进行保管、修缮、整理的机构。档案馆为学校行政管理、人才培养、科学研究、学科建设、校园建设等各项工作发挥了重要辅助作用。

2.2.6　学生社团组织

大学生社团组织是指大学生以各自的兴趣爱好、特长优势、专业特点、目标理想为导向，按照相应的章程组织而成的大学生群体组织，学生社团组织的活动内容涵盖政治理论学习与研讨、文学文化的学习与传承、学术知识和技能的锻炼与提高、志愿服务和实践锻炼的提升、艺术文化鉴赏和美学素养的锻炼、兴趣爱好的培养和训练、设计制造的技能锻炼与提高、体育运动能力的相互切磋与提升、志愿公益的奉献意识培养等，涉及学生专业学习、个性发展、志愿服务、全面发展的各个方面，充分调动社团组织和社团会员的积极性、主动性、自觉性和自发性，通过积极主动全面地开展形式多样、理论深厚、内涵丰富、品位高尚的社团活动，丰盈校园文化活动，提升大学生的自主学习能力、实践锻炼能力、组织协调能力和创新发展能力。学生社团组织是学生进行素质教育和全面发展的重要渠道和载体。大学生社团组织本身具有较强的内聚力，组织成员之间相互联系较为紧密，成员之间基于相同的爱好、愿望和习惯开展活动。基于以上组织特征，营造良好的组织环境以进一步丰富组织文化、制定有效的组织制度和纪律以规范彼此的行为举止、打造素质过硬的社团组织干部队伍以指导组织日常业务正常有序开展，是大学生社团组织发挥育人作用的重要保障。

2.3 高校组织育人的主要特征

特征是一个客体或一组客体特性的抽象结果，是用来描述概念的。任何客体都具有众多特性，根据客体所共有的特性抽象出的概念就是特征。特征具有排他性，对特征的描述也是将此客体与其他客体相区别的重要方式。

组织育人作为一种特有的教育方式，是高校重要的育人形式，通过运用组织的环境、组织的制度、组织的纪律、组织的文化、组织的活动和组织的队伍引领教育大学生，在尊重组织建设规律、教育发展规律和人才培养规律的基础之上形成科学的教育理念，贯彻到育人的各个环节，与其他育人活动相互促进，共同构筑整个高等教育机构的育人体系。高校组织育人既有思想引领、教育教化等思想政治工作的共性特征，也有其自身独特的育人过程、运行机制和作用效果，这些共同构筑成了高校组织育人的主要特征。具体表现为教育过程中显性教育和隐性教育并存、运行机理的规范性和灵活性相互促进、育人效果的示范性和养成性相互统一，党群团的组织覆盖和工作覆盖相结合。

2.3.1 教育实践过程的显性和隐性并存

高校组织育人从教育过程上看既有显性教育方式，也有隐性教育方式，体现了显性和隐性相互交织、相互并存的特征。

第一，显性教育是高校组织育人的主要渠道。显性教育体现在教育内容、教育方式、教育评价、教育保障等方面中。高校组织育人肩负着显性教育主渠道的作用以及通识课程的课堂教学、课程设置、制度设计、组织体系的构建。国防教育讲座的计划，军事训练实践活动的策划等都是围绕显性教育规划展开的。首先，教育内容是显性的，高校旗帜鲜明地开展思想政治工作。思想政治教育的内容以马克思主义科学理论为"本"，包括以马克思列宁主义、毛泽东思想、邓小平理论、"三个代表"重要思想、科学发展观和习近平新时代中国特色社会主义思想为根本的价值遵循；以社会主义核心价值观为"魂"，包括了中华民族的精神追求，体现了亿万国民的共同理想，反映了当代中国的时代风貌，凝聚了全国人民的价值共识，是中国特色社会主义文化的核心和灵魂；以中华优秀文化为"脉"，包括了中华优秀传统文化、中国红色革命文化和社会主义先进文化，这些共同构筑成了中华文化的精髓，既是中华民族的精神血脉，也是高校组织育人的源头活水；以其他民族的一切优秀文化成果为"鉴"，体现了育人的包容性、多样性和开放性。这些教育内容呈现出的真理性、价值性、实践性、科学性、艺术性，使通过显性的灌输教育，能够起到通透的醍醐灌顶、思想升华、价值引领的效果，也是最高效的育人形式。其次，教育方式是显性的，高校通过课堂教学、"三会一课"、"三会两制一课"、座谈会、国防安全讲座、军事训练、实地考察等形式组织学生对育人内容进行集中学习、主题讨论、实践锻炼、实地感受。再次，教育评价是显性的，体现在教育效果的优劣有相应的评价体系，包括评价指标、评价结果、整改措施等方面。最后，教育保障是显性的，体现在相关的组织设置、体系设计、资源整合方面按照优化育人资源的方式进行整合设计。

第二，隐性教育是高校组织育人的重要渠道。隐性教育体现在组织环境、组织文化、组织制度、组织活动、组织队伍等育人资源中，是发挥隐性教育涵化功能的主要表现形式。组织环境既是组织育人的基础，也是隐性教育发挥作用的重要场域。组织文化包含物质文化、制度文化、精神文化。组织制度包括党组织制度、团组织制度、工会制度等各类组织的规章制度，是开展组织生活的基本遵循，也是业务活动的基本规则，更是开展组织育人活动的基本依据。成熟的组织制度可以发挥制度稳定、成熟、可靠、持久的作用，持续做好育人工作。组织育人队伍是指在高校组织育人实践活动中参与育人工作的所有人，这既体现了"三全"育人中全员育人的要求，也体现了组织队伍对于育人工作发挥主观能动性的作用，具体可分类为：党务工作者、团务工作者、各类组织中育人活动的直接参与者、学生干部、党员、团员等。

第三，显性教育和隐性教育在教育过程中的相互交织。高校组织育人的显性教育和隐性教育是在教育过程中相互交织的，这种相互交织、互相弥补的特性既是由高校组织属性所决定的，也是新时代背景下的发展需要。首先，显性教育和隐性教育的相互交织是由高校组织的属性所决定的。高校的组织众多，既有政治性组织，也有业务性组织，按照"三全"育人的要求，全方位育人就体现在各类组织都有育人职责，在实践过程中，业务性组织必然将育人元素融入业务工作中。只有发挥隐性教育的涵容作用才能起到业务工作和育人工作相得益彰、相互配合的作用。其次，显性教育和隐性教育的相互交织是由新时代背景下的社会发展所决定的。当今社会是物质较大丰富、科技日新月异、信息高度发达、交流日益频繁的社会，高校并非一片与世隔绝的"净土"，高校的思想政治教育只依赖于课堂教学、组织活动等显性教育已经不能很好地发挥作用，况且大学生课余时间的充沛更显得单纯的显性教育在时间保证上明显不足。新的时代背景下，必须适应时代发展的要求，将显性教育和隐性教育相互结合，有效"充盈"到大学生的日常学习、生活中去。再次，显性教育和隐性教育的相互交织是由彼此间的矛盾运行所决定的，显性教育和隐性教育因教育呈现形式的不同，从教育形式上是相互对立的，但从育人目的上又是相互补充、互相弥补的。最后，显性教育和隐性教育的相互交织是由教育对象的心理发展规律所决定的。大学生是新时代的青年，在新的时代发展背景下，单一的显性教育不仅不利于育人效果的产生，反而容易让大学生产生"抵触"心理，阻碍教育效果的发展，只有两者相互结合，发挥各自教育的优势，才能最大限度地发挥育人的功效。

2.3.2 运行机理的规范性和灵活性相互促进

高校组织育人在运行的过程机理上体现了规范性与灵活性的相互促进、相互耦合、相互补充。体现了高校组织育人在运行过程中组织制度的强制性和个体自觉性相互结合的特性，表现为彼此互利共生、相互影响、相互促进的特点。

第一，高校组织育人在运行机理上的规范性体现在高校组织的设立和运行上，高校依赖于组织内部的规章制度作为保障和维系条件，高校组织育人从组织制度的设计、拟定、确立再到育人实践过程的实施，都必须依循主流价值观念和道德规范对育人工作的要求，全面贯彻主流意识形态对思想道德价值和精神要求。这种组织制度体现的规范性蕴含了高校组织的制度伦理，体现了高校组织育人的规范性特征，即组织制度中蕴含怎样的价值追求并且根据一定的原则和标准对制度的价值进行合理的评判，以及制度本身蕴含着一定的伦理追求、道德原则和价值判断。① 高校育人组织以主流价值判断和政治思想价值的引领为标准进行组织的创建、制度的设计、体系的变更和工作的创新。规范性的要求是高校育人组织根据思想政治工作的要求和现实工作的需要创建出来的，从而对教育对象进行行为约束和限制。

第二，高校组织育人在运行机理上的灵活性体现在高校育人组织设置的灵活性上，例如，社团组织、管理机构等组织，都会依据高校思想政治工作的要求，结合大学生自身的特点、爱好、专长以及自身的实际情况，设计开展灵活多样的，既体现服务思想政治教育工作的要求，又体现组织的育人优势，又能反映大学生成长的价值追求和兴趣爱好特点。这种灵活的组织方式和活动开展方式，能够有效发挥大学生的主体性，将组织的共性和教育对象的个体性有机统一起来，体现了高校组织在组织运行机理中的灵活性。

第三，高校组织育人在运行机理上体现的规范性和灵活性是相互促进、互利共生的。只有规范性，没有灵活性，教育对象在组织内部受到的是拘谨的约束，容易对思想政治教育活动产生心理上的排斥；而只有灵活性没有规范性，教育对象在组织活动中依"性情"而动，不但不利于组织活动的正常开展，在组织活动中也起不到丝毫的教育效果。因此，在运行机理上，高校组织育人的育人效果必须以规范性为前提和保证，以灵活性为补充和完善，规范性和灵活性的相互促进、互利共生才能使得教育对象在组织活动的过程中体现出既有制度约束带来的行为举止的改变，又有自身按照主体性发展的特点，发挥自我的主观能动性，感知自身的优缺点，对照组织育人的要求，寻求不足，进而不断改进自身的缺点，形成良性循环。这都反映了组织育人规范性和灵活性的辩证统一，体现了运行机理上的规范性和灵活性的相互促进。

---

① 施惠玲：《制度伦理研究述评》，《哲学动态》2000 年第 12 期。

2.3.3　育人效果的示范性和养成性统一

高校组织育人从育人效果来看体现了示范性和养成性的统一。示范性说明高校组织育人的效果具有有效的辐射力，养成性说明组织育人符合大学生成长规律和心理特点。但高校组织育人不是一蹴而就的。因此，高校组织育人的示范性和养成性在育人效果角度看是相互统一的，只有发挥组织育人的示范性和养成性优势，组织育人才能取得较好的育人效果。

第一，高校组织育人的效果具有示范性。高校组织依托组织活动育人，通过广泛开展组织活动，将教育者倡导的思想政治价值观念融通于组织活动过程之中，使大学生在参加组织活动的同时接受价值观的熏陶和感化。这可以使思想政治教育实践互动更加接地气，扩大育人工作的覆盖面，激发大学生在参与活动互动中的情感共鸣和思想共振。同时，通过组织制度设计，对组织活动中涌现出的优秀典型进行褒扬并宣传扩大其影响力，对活动过程中的后进分子，进行必要的整改和教育，进而形成正反两方面的示范效果。这种示范性的教育效果，不仅能够起到积极的教育导向作用，顺应教育对象"趋利避害"的心理特点，树立正确的教育导向，还能引导受教育者沿着正确的育人方向发展。

第二，高校组织育人的效果具有养成性。一般情况下，大学生个人的价值观念体系不是一蹴而就的，"运动性的"思想政治教育活动只能解决表面问题，不能解决价值观等深层次问题，难以使高校对大学生的价值观要求内化于心，外化于行。高校组织自身的组织特性体现为制度的健全和体系的稳定，高校的组织系统都是依照具体的目标、任务，依靠组织制度建立起来的，组织的形成往往需要理论到实践、实践到理论的反复往复运动才能达到成熟的组织体系、完善的组织架构、科学的组织制度、高效的组织运行机制和高素质的组织队伍，具有强大的系统稳定性和适应性，一经形成，在相当长的时间内不会有大的变动。这种稳定的组织系统带来的不仅是高校的组织运行，更多的是为高校育人在组织系统中提供了养成教育的重要途径，使得受教育者在组织环境中潜移默化地形成自身的价值观念体系。

第三，高校组织育人效果的示范性和养成性是统一的。一个稳定的组织系统必然会使组织成员形成稳定的心理、积极参与并密切关注，这就使得教育对象在组织系统内会时常关注身边的人和组织内部发生的事情，这就成为高校组织育人示范性的原理所在。并且，稳定的组织系统可以使教育对象之间形成比、学、赶、超的育人效果，形成育人效果上的示范性和养成性彼此促进、良性循环的局面。

2.3.4 党群团的组织覆盖和工作覆盖相结合

组织覆盖是组织建设的形象表达，组织覆盖被通俗表达为"拉队伍"，即高校组织育人在实践中不断完善党组织、团组织和工会组织建设，拓宽组织的覆盖面，为育人工作的开展提供必要的基础和平台。工作覆盖是组织覆盖的补充，工作覆盖就是"做好事"，在组织没有覆盖到的组织，选派党员、团员、工会会员等作为联络员，做好师生服务，做好育人工作，两者在高校组织育人的工作实践中是相互结合、互相支撑的。《纲要》中提出，高校组织育人要挖掘高校各类组织的育人元素，发挥各类组织的育人功能，激发各类组织的育人活力，把组织建设和思想政治工作有效结合起来。结合性体现在两个方面：一是党组织和各类组织在育人活动上的有效结合，二是各类组织建设和育人工作的有效结合。

结合性的特征包含两层含义：一是党的自身建设带动各类组织建设，高校党的各级组织通过自身建设，提高组织力、战斗力，把高校党组织不断建设得更加强劲有力。在此基础之上，以党的组织建设高质量带动其他各类组织的建设。其中，必须以政治建设带动其他各类组织建设，使各类组织能够在育人活动中"画"好同心圆、"奏"准同期声，做到同时发力、同向发力、同频发力，心往一处想、劲儿往一处使的效果。二是各类组织均肩负着育人的职责和使命，组织中的育人元素挖掘、育人功能发挥和育人职责担当是组织育人工作的题意所在、职责所在、组织所在和使命所在。

第一，党组织和各类组织在育人活动上的有效结合，体现了组织的整合优势。高校的根本任务是立德树人，高校组织按其属性可以分为党组织、群团组织、学生工作组织、教学科研组织、管理服务组织和学生社团组织等，这些组织又分别包含若干不同层次、不同方面的组织，共同构筑起高校组织育人活动的基本架构和平台，各自发挥着育人的主体作用。就整体而言，各类育人组织功能互补、相互结合，体现了育人在组织结构上的结合性特征。在高校的育人实践中，想要在当下价值观多元、信息高度发达的时代背景下开展有效的组织育人实践活动，必须发挥高校各类组织的育人功效，有效开掘各类、各级组织的育人元素，不断形成全面育人的全新格局。要想提升高校育人工作的实效性和有效性，不但要党组织的"嘹亮歌声"，还要各类组织在党组织的统一领导下，在育人实践活动中形成"合唱"，这样才能形成组织育人的优美旋律，避免"单打独斗"地开展思想政治教育活动。同时，要依据社会学中的"合力"理论，发挥高校党组织在育人实践活动中的主导作用，发挥党组织统筹谋划、顶层设计、科学配置、优化运作各类育人资源的优势，充分调拨校内一切育人积极因素和配置力量，根据各类组织的特点、属性和在育人方面的优势，发挥各类组织的育人"专长"，进行合理的资源配置，形成合力，突出共生逻辑性，体现出各部分组织为实现同一目标而进行共同努力，形成互补、互动、互通、互映的协同局面，产生育人叠加效应。

第二，各类组织建设和育人工作的有效结合。高校各类组织都肩负着育人职责，都具有育人元素。通过挖掘育人元素，发挥育人功能，旗帜鲜明地开展育人实践活动，是高校各类组织建设和育人工作有效结合的重要体现。在业务工作中，坚持种好"责任田"，守好"一段渠"，发挥各类组织在育人功能中的独特性，构筑高校组织育人整体，形成组织"闭环"，真正发挥组织在育人方面的特殊优势，将育人工作落到实处。

2.4 高校组织育人的主要功能

高校组织育人功能是组织育人目标和效果的具体体现，功能如何将直接决定产生的效果。具体而言，高校组织育人具有党组织彰显政治核心的统领功能、育人骨干展现的育人活动的示范功能、制度机制体现组织管理的规制功能、共同价值呈现组织文化的涵化功能、资源协同凸显育人的整合功能。

2.4.1 党的组织彰显政治核心的统领功能

2019 年 1 月 17 日，习近平总书记在考察调研天津南开大学时强调，高校党组织要把抓好学校党建工作和思想政治工作作为办学治校的基本功。[①] 党组织在高校组织育人实践中起到的政治核心作用，表现为党组织在各类组织育人实践中的政治统领、组织带领和思想价值引领。

第一，政治统领。党的十九大报告中提出，党政军民学、东西南北中，党是要领导一切的。党组织在高校立德树人工作实践中发挥着把方向、谋大局、定政策、保落实的组织保障作用。党组织在高校组织育人体系中居于政治核心地位，发挥着统领高校组织育人工作的功能。学校党委在立德树人工作中处于核心主体地位、学院（系）党委（党总支）发挥政治核心作用、党支部则发挥着战斗堡垒的核心作用。

高校组织育人的责任主体多种多样，党的各级组织居于核心主体地位既是由我国高校的历史使命所决定的，也是由党组织的基本属性所决定的。党组织的核心主体地位主要表现在其政治统领上，体现在高校各级党组织在高校立德树人工作中肩负着核心主体责任上。这决定了党组织在高校组织育人实践活动中，要发挥党组织的政治统领作用，起到举旗定向、把握全局、协调各方的作用。

第二，组织带领。组织带领体现为在高校组织育人实践中，高校各级党组织通过不断加强自身组织建设，以自身组织建设的高质量，带动高校各类组织建设，以此加强各类组织建设，使各类组织的资源有效向育人优势聚集，深挖各类组织的育人元素，发挥各类组织在育人功能上的优势，在加强自身组织建设的同时，提高育人能力建设。在这个层面上，党组织通过组织带领，达到提高各类组织建设的目的，进而发挥各类组织的育人功能，共同完成育人目标。

第三，思想价值引领。思想价值引领是组织育人的政治功能。思想价值引领是高校组织育人的首要功能。发挥党组织的育人功能，首先要发挥党组织的育人

---

① 习近平：《稳扎稳打勇于担当敢于创新善作善成　推动京津冀协同发展取得新的更大进展》，《中国教育报》2019 年 1 月 19 日，第 1 版。

保障功能，通过加强党的自身建设，持续提高党组织在指导、领导、引领高校组织育人实践工作中把方向、谋大局、定政策、促改革、抓落实的能力和水平，不断夯实党的政治引领力、思想凝聚力、群众动员力和社会组织力，持续加强党在高校的政治基础、思想基础、能力基础和责任基础。其次通过进一步理顺党委领导的体制和机制，确立和明确高校党委的决策机制，全面落实高校党委领导下的校长负责制，进而助推高校各级党组织自觉担负起办学治校、爱生爱才、育人育才的主体政治责任。高校党组织育人思想价值引领功能具体表现在思想价值引领的常态化和制度化。

首先，思想价值引领的常态化。这是由组织的特性和功能所决定的，组织由于其特有的资源整合和配置属性，在育人实践活动中，往往具有独特优势。例如，党组织、群众性团体组织等政治性组织通过组织政治生活对组织成员进行思想价值引领。业务性组织会将育人元素融入业务工作中，使教育对象在接受服务时感受到价值观的熏陶。无论是组织建设活动还是业务活动，由于组织自身维护其组织属性的要求，需要常态化活动才能发挥常态化教育持续"做功"的效果，即思想价值引领的常态化。

其次，思想价值引领的制度化。是指在依托组织开展育人实践活动中，为保证活动的规范性，需要把"程式化"的育人活动通过制度方式固化起来，确保教育活动按照既定的活动计划开展。组织发挥育人作用突出表现为制度化的思想价值引领功能，例如，组织生活会、民主生活会、三会一课、三会两制一课、谈心谈话、党员民主评议、主题党日、主体团日等组织制度，这样既能减少人为自由发挥导致的活动走样，也能减少重复开展活动导致活动敷衍走样，确保活动质量达到育人的预期效果。

2.4.2　育人骨干展现组织育人的示范功能

组织育人的示范功能是指在高校组织育人实践活动中，高校各类组织队伍中的育人骨干所发挥出的独特的"旗帜"作用，例如，党员、团员、先进标兵、辅导员等。这些组织团队中的骨干自身具有较高的理论水平、业务能力、道德情操，其本身就具有思想价值的示范作用。育人骨干一般由党员、团员、思想政治辅导员和各类先进标兵组成。

组织内部的人员流动性较弱，人员相对固定，彼此之间在组织活动中会相互影响，优秀的教育者和案例在组织内部会形成思想价值引领的示范效应。组织成员之间无论是同志关系、业务关系，还是趣缘关系彼此之间一定有所了解或知晓，这种"身边人""身边事"的教育形式和教育效果会高于"泛众式"的教育形式和教育效果。

第一，中国共产党党员。党员的示范功能是由其自身属性所决定的，党员的作用是要通过发挥其先锋模范带头作用来实现的。党员的先进性是由其自身属性所决定的。中国共产党党员的先进性，不仅是一种品德品质，也是一种能力行为，是品德、行为、能力的统一。从品德品质上来看，中国共产党党员具有共产主义道德品质，具有较高的思想觉悟和精神风貌，党员不仅要具有优良的品质和素养，还要有较好的道德修养，才能够发挥示范引领作用。在此基础之上，能力的匹配也是至关重要的，能力的高低直接影响着共产党员先进性作用的发挥，能力强的个体能够将党员的先进性效能发挥到最大。与品德和能力作为共产党员内在的素养相比，行为举止是共产党员的外在先进性的体现，这种行为体现是道德品质和综合能力通往实践道路的必由途径，即共产党员的先进性和模范带头作用，是通过行为的外化实践而实现的，品质上、能力上、行为上的先进性，体现了共产党员的先进性，表现为共产党员在组织育人活动中具有良好的示范作用。

第二，共青团员。共青团员在中国特色社会主义建设中发挥着生力军的重要作用，在高校组织育人实践中发挥着重要的示范作用。共青团员发挥示范引领作用，主要源于其自身的政治性、先进性和群众性，政治性说明团员有鲜明的政治立场、政治观点和政治态度。政治性是共青团员的第一属性；先进性体现为团员青年具有远大的共产主义理想、共同的中国特色社会主义理想，具有高尚的品质和较强的实践能力；群众性是指共青团员作为高校大学生的主体，既代表着当代大学生，又教育引导着当代大学生。共青团员自身所具有的政治性、先进性和群众性使共青团群体在高校组织育人实践中起到较好的示范作用。

第三，先进标兵。这里指的先进标兵是各类组织在组织建设和日常活动开展中所涌现出来的品德高尚、能力较强、成绩突出的业务能手。高校组织中的先进标兵的类别较多，不但包括优秀共产党员、优秀团员群体，还包括各类团体组织中的优秀代表。这类群体共同的特点是：思想觉悟较高、业务能力较强、取得了较好的成绩，是各类组织中的佼佼者，正是这种代表性，使得先进标兵具有较强的辐射带动作用，能够发挥示范带头作用。

2.4.3 制度机制体现组织管理的规制功能

"规制"是指高校各类组织在制度执行、管理服务过程中体现出的育人功能。高校组织制度规制的价值合理性主要表现在形成良好组织秩序、提高组织运转效率及明确相关责权等方面。组织制度是组织的重要体现和特征，制度体制在保证组织体系的稳定、运行的精准、组织文化的形成上具有不可替代的重要作用。在高校组织育人实践中，组织制度本身体现了组织管理的规制功能。

第一，规范功能是高校组织育人的基础功能。高校各类组织的制度是组织运行的保障，组织的规约力有利于组织活动的有序进行和组织育人目的的完成。组织内部的正常运转不仅有赖于科学合理的组织制度的设计和组织成员的自觉执行，还有赖于组织成员能够自觉接受组织的制度约束，进而对组织成员的思想和行为基于制度进行干预、引导和规范，以达到组织预设的目标。组织的纪律、组织的制度本身具有强制力，可以对组织成员的行为举止进行规范约束。在此基础之上，通过规范言行，进而促成习惯养成，从而达到教育教化的作用，也有助于组织成员在制度约束的影响下将制度的规约力内化为自身对制度的认同和行为的自觉。

第二，约束功能是高校组织育人的重要功能，在组织育人实践中，体现为在组织环境中的约束，如果说组织制度和组织机理为大学生行为规范提供了基本的行为标尺和价值标准的话，那么高校各类组织的文化、组织风气、组织队伍的精神气质则对组织成员起着重要的约束作用。例如，党组织和党员的优良作风，学校良好的校风、教风、学风、班风、舍风、社团风气等组织环境都会对教育对象产生无形的行为规范和道德约束力量，使教育对象能够在组织环境和组织风气中感受、理解、接受、认同高校所倡导的道德理念、价值追求和行为规范，并将这些规则和约束不断内化为自身的潜意识与行为自觉，使个体的行为方式和思维习惯与高校要求、社会倡导的价值观念和制度要求相一致。这种内在的对价值的趋同是道德约束起到关键作用的根本所在，使得大学生能够在组织群体中自觉接受组织的约束，不断形成行为自觉、思想自觉和道德自觉，有利于个人思想观念和行为方式在组织道德氛围的约束下形成价值观念的趋同。

2.4.4 共同价值呈现组织文化的涵化功能

文化涵化亦称"文化摄入"，文化涵化的功能体现为组织成员在接触组织文化的过程中引起对自身原有文化模式和形态的变化。当处于支配从属地位关系的不同群体和个人，由于长期直接接触组织文化的浸润而使各自文化发生同化变迁，便是涵化。组织涵化功能的发挥主要依托于组织文化作用的发挥，高校组织文化是大学文化的一部分，体现了大学精神的组织特点。高校组织文化是组织群体成员价值理念的总和，体现了组织作为一个整体的文化气质，这种特有的文化气质会贯穿于组织活动运行的各个环节。组织涵化由组织成员所公认，包括但不限于共同的理想信念、思想观念以及在此基础之上形成的价值观和行为方式，主要有四个层次：共同的理想、共同的价值观念、共同的行为方式和共同的文化表达。其中，共同的价值观既是高校组织文化的核心，也是高校组织文化的基础，还是高校组织育人发挥涵化功能的重要推动力。共同价值是高校组织育人发挥涵化功能的集中呈现，共同价值分为价值追求的共同价值和全面发展的共同价值。

第一，价值追求的共同价值。价值追求的共同价值是指在高校的组织文化中，价值追求作为共同价值的基础存在，价值追求分为共同的精神追求和共同的目标追求。共同的精神追求将共同的远大理想、共同的理念和信仰信念作为追求的目标，主要体现为政治性组织，例如：党组织、团学组织，突出表现为组织成员都以共产主义远大理想和中国特色社会主义共同理想作为自身的信仰信念，在工作、生活、学习中不断固化、深化、升华这种价值观念，丰富组织文化。共同的目标追求是指围绕一类组织的目标和愿景，组织成员相互协作、共同努力，提升自身完成组织意愿所需的能力、素养和品德，这种不断提升的能力、素养和品德持续丰富组织的文化。同时，组织文化的持续丰富和发展也在不断影响、涵化着组织成员的进步和思想价值观念的提升。

第二，全面发展的共同价值。全面发展的共同价值是指在高校的组织文化中，全面发展是共同价值存在的基础。对于学生而言，全面发展是其锻炼、提高、升华自我的根本目标，学生能在组织文化的熏陶中不断成长、成熟、成才，是大学生参与组织活动的原动力。例如，学生社团组织中的组织成员基于共同的兴趣、成长的需求和实践的需要，在社团组织的活动中能够不断丰富自身的兴趣爱好、形成自身的价值观念体系，不断地在实践中成长，实现自身的价值升华，并且自身的行为变化也在丰富、影响和反作用于组织文化的进一步发展。

2.4.5 资源协同凸显组织育人的整合功能

整合功能是高校组织育人的重要功能，主要是通过对组织内部关于育人资源的协同一致来实现，以达到育人效果的最大效能。整合的规程是对不同来源、不同层次、不同架构和不同内涵的各类资源情况进行仔细甄别与抉选、调整与配置，使原本松散的组织体系形成较强的条理性和系统性，并能够开掘出新的资源的动态过程。整合的形式包括对现有资源的有效配置和协同，以及对不同来源的"外部"资源进行梳理、鉴别和重组。概言之，整合就是要优化资源配置，获得整体的最优，达到组织育人功能"1+1>2"的协同效应。高校组织育人的整合功能体现在人力资源的整合、体制机制的协同、载体资源的整合。

第一，人力资源的整合。人力资源的整合主要体现在高校组织育人队伍建设方面。在高校组织育人实践中，教育者具有主观能动性，能够发挥自身优势，利用组织的育人功能，挖掘育人元素，运用到育人的实践活动中去。教育者素质、能力、水平的优劣直接影响到高校组织育人的质量，可以说人力资源是高校组织育人的重要基础之一。人力资源整合的概念内涵是指通过采用一定的策略、方式和措施，统一协同、整合、增补、配置来自不同组织的育人队伍，使之建立统一的组织体制和组织制度，引导组织成员的个体目标向组织总体目标趋同。高校组织育人整合人力资源具体体现在：严格选配、精细培养、量才使用、动态管理四个方面。

首先，在高校组织育人队伍建设中严把入口关，控制育人队伍的育人能力和水平，通过设置笔试、面试、实景操练等环节，考察教育者的精神境界、理论水平、心理素质、工作技能、专业素养、整体亲和力等方面。把综合素质较高、专业技能较强的教育者选拔出来，可以在源头有效控制教育者的质量，进而为提高组织育人质量提供保障。

其次，精细化的培养对于教育者的素质提升也有重要作用。时代在发展、社会在进步、理论在创新、实践在变化，教育者的理论水平和专业能力如果不能与时俱进的话，势必会落后于时代发展的步伐，有碍于组织育人效果的发挥。教育者自身水平和能力的提高一方面源于自我的学习、自我的提高，另一方面依赖于组织有针对性的培养。高校组织结合现实育人的实际需要有针对性地开展党组织的"三会一课"制度、团组织的"三会两制一课"制度、组织生活会、民主生活会以及各类培训座谈活动，可以有效提高教育者的理论水平和专业技能，培养教育者的道德情操和人文素养，使教育者能够在理论、能力、水平、素养上起到引领作用。

再次，"每个人都是独一无二的"。教育者也会因为个体的差异表现出不同的特质。在高校组织育人实践中，育人的组织类型比较多，组织育人的形式也多种多样，有理论教育、交流谈心、互动交流，甚至体育锻炼，只有根据不同组织的不同教育特点开展最适合教育者特点的育人活动，才能起到较好的育人效果.因此，人力资源整合过程中的"量才使用"对教育的有效性的影响至关重要。

最后，人力资源的动态管理，组织内外育人实践的变化、教育者自身情况的变化都会对育人的效果产生影响。在人力资源培训的前提下，对整个组织育人队伍进行通盘考虑，根据实践发展的情况，适时的、有针对性地对组织队伍进行动态调整，使组织队伍在育人功能发挥上始终处于最好状态，把组织队伍的育人效能发挥到最佳。

第二，体系机制的协同。所谓协同，就是指协调两个或者两个以上的不同资源或者个体，协同一致地完成某一目标的过程或能力。体制机制的协同体现了高校组织在组织设置、体系建构、制度设计等方面的独特作用。高校组织育人的最大特点就是发挥各类组织的育人功能，将组织的育人特性发挥出来，起到组织育人的作用。同时，组织体制机制的设计与协同在高校组织育人效果上起到保障作用。通过良好的体制机制协同，使高校各类组织能够在育人活动上实现功能的趋同，进而形成育人的合力。体系机制协同分为：运行机制协同、培训机制协同、激励约束机制协同、保障机制协同和质量评价体系协同四种，通过体系机制的系统有助于形成"一盘棋""一张网""一个声"的一个"大思政"育人新格局。

首先，运行机制协同。运行机制是指在人类社会的运行过程中，影响运动过程的诸多因素的功能、特点及相互关系，以及这些因素产生影响、发挥彼此相互作用过程的原理及其运行方式。高校组织育人的运行机制是指在组织育人实践中，影响育人活动的各种要素之间的相互关系，以及作用过程。运行机制的协同主要是针对运行管理机制协同。当今社会，科技的发达和管理科学的进步带来的是组织运行机制的变化，一是"互联网+"虚拟空间的聚集，推动运行机制协同的互联网转型。高校组织在运行机制上充分运用信息革命的成果，不仅提高了高校组织在育人过程中的运行效率，而且提高了各类组织在育人方面的协同。二是管理科学的进步带来了扁平化管理体系，扁平化的管理运行体系减弱了不同层级之间层层传达造成的"能量"损耗，提高了管理运行的效率，突出以项目任务主体为运转内容，体现了运行协同的意义。

其次，培训机制协同。高校组织育人既有针对教师、辅导员（含兼职辅导员）的培训机制，也有针对行政人员的培训机制，在培训的内容和方式上围绕立德树人根本任务进行总体安排。根据不同类型教育者不同的学科背景、岗位特点进行有针对性的培训，对提高不同类型的教育者开展育人工作提供良好的培训机制保障，为教育者能在培训协同机制下受到有效的育人教育进而开展育人工作打下良好基础。

再次，激励约束机制协同。激励约束机制的协同是高校组织人力资源协同的重要方面，高校组织针对岗位的不同设有一岗双责制度、干部协管制度、基层干部述职考评制度等，这些制度的考评结果和评优表彰、干部任用相挂钩，进而形成了高校组织育人实践活动中激励和约束的协同机制，保证教育者在相应的职权范围内，履职尽责地完成好育人工作使命。

又次，保障机制协同。高校各类组织都有针对育人的相关保障机制，特别是跨部门协同保障方面，通过任务项目化、项目清单化，使育人任务得以层层落实，并建立纠错机制来纠正跨部门协同工作中的错误。

最后，质量评价体系协同。科学合理的质量评价机制，是确保高校组织育人工作有效性的重要保障。高校组织应制定科学合理的质量评价体系，建立标准化的考核任务落实机制、述评机制，并建立起组织间的协同评价体系，以便于对同一类育人活动在不同组织中开展进行横向的效果评价，并以此作为调整组织间育人资源的重要参考依据。

第三，载体资源的整合。载体资源的整合是指组织内部具有育人资源的载体的整合。例如，统一建筑风格的建筑物，使大学生在各个建筑物之间相互穿梭时不会感到太突兀，使其感受到整体校园环境的和谐统一；各种宣教场所的主题、布局、结构、突出特点应该呈现一定的逻辑顺序，可以围绕一个中心，突出某一类组织的特点，也可以就某个事件开展集中主题宣传；各种标识资源的整合，标识作为重要的育人载体，具有醒目、辨识度高等优点，在高校各类组织中普遍存在，在高校组织育人实践中，对各种标识资源的整合利用，体现了组织在育人方面的优势，标识资源在各类组织空间的设计、筛选、分类、布局的整合利用，能够有效提高组织育人的效果，凸显了高校组织在育人载体资源方面的整合作用。

3　高校组织育人的理论溯源

组织既是人类社会活动的重要形式，也是高校思想政治教育的重要载体，古今中外的先贤对于组织发挥的育人功能和作用都有丰富的论述。本章从组织育人的理论指导维度出发，梳理马克思主义组织育人观、中国共产党人的组织育人思想、中国古代组织育人的智慧和西方社会组织育人观念的借鉴，通过追溯相关的理论渊源，探究有关的理论基础，有助于辨明高校组织育人的本质，把握组织育人的工作规律，以期为高校组织育人研究提供理论支撑和思想借鉴。

3.1　马克思主义的组织育人观

马克思主义的组织育人观从马克思主义的基本原理和方法出发，探寻与组织育人相关的思想、理论、政策，并探究组织育人背后的学理支撑。马克思主义的组织育人观主要由人与社会关系思想、社会发展合力思想、共青团的建设思想、马克思主义政党建设思想组成。

3.1.1　人与社会关系思想

"人与社会"的关系一直是一个与时俱进的话题，不同时代的思想家都竭力给予回答。马克思和恩格斯对前人研究成果扬弃之后，系统阐释了社会和人全面发展的理论，通过阐释"现实中的个人"、人的本质、人的全面发展三个层面表达了人与社会关系思想的基本内涵。

第一，现实中的人是人与社会关系思想的出发点。在马克思之前，许多传统哲学仅仅是抽象的设定了人，即是对人的某种理想性的理解。这种理解大多数情况下与现实生活意义中的生存活动是相异存在的，或者只是把人作为生物形态的个体来看待，并没有看到人作为能动的个体与生物界的一般生命有着本质的不同。只有马克思实现了对人的客观理解，他把人放到社会生产关系的角度来看待，从物质生产的角度出发来观察与研究人类社会，将人看作是从事物质生产劳动的人，这是马克思主义关于人的学说有别于之前其他一切关于人的哲学的显著标志。

马克思和恩格斯指出，全部人类历史的第一个前提无疑是有生命的个人的存在。[①]"有生命的个人的存在"对于"现实的人"的意义在于，其是现实的人存在、延续、产生、发展、进步的生物学基础和物质层面的前提。自然因素和社会因素组成的各种物质生活基本保障既是有生命的个体存在的前提和保障，也是必备条件，只要有生命的个体存续一天，其就一定受客观世界物质条件的调节和制约。因此，现实生活中的个体人的物质生产生活方式是现实的人的存在惯常，现实生活中的个体人的物质生活方式是时刻动态变化的，是随着物质环境和生活环境的变化而改变的动态过程，即其实际的生活过程是动态的。同时，现实生活中的个体人的外部生活物质环境不仅包括其实际得到的现实现存的物质条件，还包括"由他们自己的活动创造出来的物质生活条件"。[②] 在这里需要说明的一点是，"现实的人的活动"广义来讲内涵十分丰富，其作为物质世界中的个体存在的基本形式是物质资料的生产和生活。这种活动的基本形式当然是物质活动和一切其他的活动，如精神活动、政治活动、宗教活动等都取决于它。[③] 我们应当首先确定一切人类生存的第一个前提，也就是一切历史的第一个前提，这个前提就是人们为了能够创造历史和必须能够生活。但是，为了生活，首先需要吃喝住穿以及

①② 《马克思恩格斯选集》第 1 卷，北京：人民出版社 1995 年版，第 67 页。
③ 《马克思恩格斯选集》第 1 卷，北京：人民出版社 1995 年版，第 123 页。

其他一些东西。因此，第一个历史活动就是生产满足这些需要的生活资料，即生产物质生活本身，而且，这样的历史活动是一切历史的一种基本条件，人们单是为了能够生活就必须每日每时去完成它，现在和几千年前都是这样。①

第二，人的本质是人与社会关系思想的理论基础。在马克思看来，自然人是存在于社会物质生产和生活之中从事感性活动的现实状态的人，这既是马克思全部学说的出发点，也是人类社会存在的前提。马克思指出，现实的社会是人作为物质存在的基本载体，如果要深入了解和把握人的本质和内涵并提出人文关怀，必须要把个体的自然人放到特定的现实社会关系中来考察。在这一问题上，马克思认为人是"社会存在物"，人之所以为人，是因为人具有社会关系属性，现实生活中的人是在特定的社会关系中存续的人。因此，只有把人放到特定的社会关系中去考察，才能把握人的根本属性，"人的本质并不是单个人所固有的抽象物。在其现实性上，它是一切社会关系的总和"。②

第三，人的全面发展是人与社会关系思想的归宿。人的全面发展思想反映了马克思主义的价值归属，还反映了马克思主义的基本精神归旨、理论品质和价值构成。

人的全面发展思想，从本质和任务上归结为这样一条绝对命令：必须推翻那些使人成为受屈辱、被奴役、被遗弃和被蔑视的东西的一切关系。③ 从现实意义出发分析，作为现实存在的人，全面发展就是人的思维、活动、需求、技能等方面的全方位进步。马克思认为，人对自身的关系只有通过他对他人的关系，才成为对他来说是对象性的、现实的关系。④ 因此，现实世界中的个体的人总是存在于特定的社会关系当中，人的全面发展离不开社会关系总和所营造的大的社会背景，并且，个体全面发展的实现形式和速度总是受制于整个社会背景的变化、丰盈和进步程度。

对于现实的人而言，自发自觉的创造性劳动对于个体的发展具有决定性的推

---

① 《马克思恩格斯选集》第 1 卷，北京：人民出版社 1995 年版，第 78-79 页。

② 《马克思恩格斯选集》第 1 卷，北京，人民出版社 1995 年版，第 56 页。

③ 《马克思恩格斯选集》第 1 卷，北京：人民出版社 1956 年版，第 461 页。

④ 《马克思恩格斯选集》第 42 卷，北京：人民出版社 1979 年版，第 99 页。

动作用，只有充分激发个体内在的自发性和自觉性进行创造性的劳动，才能使个人成为真正意义上的自由全面发展的人。马克思指出，个体人自发自觉的创造性劳动的发展，体现了现实个体的主体性和内在全面发展内需力。个人的全面发展，只有到了外部世界对个人才能的实际发展所起的推动作用为个人本身所驾驭的时候，才不再是理想、职责等，这也正是共产主义者所向往的。①

第四，环境的改变和人的活动是一致的。马克思在《关于费尔巴哈的提纲》中提到，人的本质说到底是社会关系的总和，不仅仅是个人所固有的抽象。② 马克思认为，人的发展同社会的进步发展是辩证统一且相互影响的。人与社会的关系更多呈现出的是社会现实性，个体的人不能脱离社会性而独立存在。

马克思通过批判旧唯物主义的"环境决定论"，从能动的反映论中得出正确的结论。马克思指出，环境正是由人来改变的，而教育者本人一定是受教育的。③ 环境决定论认为环境决定人的发展，在人与环境的相互关系上，片面夸大了环境对人的全面发展的决定性作用，而忽视了环境是需要人的实践来创设和改变的。环境决定论在这个相互过程中忽视和否定了作为具有主观能动性的个体的人对改造实践对象、创设教育环境的积极作用和影响。马克思在批评这一机械决定论的基础上，提出"环境的改变和人的活动的一致，只能被看作是并合理地理解为革命的实践。"④ 马克思认为，在现实的人与环境的相互关系处理看待上，一是要肯定环境对于人的全面发展的积极促进和制约作用，二是指明人的实践活动也反作用于环境，可以改变和创设环境，同时改变人的自身。因此，在整个环境和人的互动实践过程中，作为主体的人对环境具有主观自觉和能动的改造过程。与此同时，环境对主体人也有积极的影响或消极的制约，使得人在改造环境的过程中实现自我对环境的认知，进而更好地改造外部环境。

马克思在《德意志意识形态》中也深刻地指出，无产阶级非常清楚地知道只有改变了环境，他们才会不再是"旧人"，因此他们一有机会就坚决地去改变

① 《马克思恩格斯全集》第 3 卷，北京：人民出版社 1960 年版，第 329-330 页。
② 《关于费尔巴哈的提纲》第 3 卷，北京：人民出版社 1956 年版，第 5 页。
③④ 《马克思恩格斯全集》第 3 卷，北京：人民出版社 1960 年版，第 4 页。

环境。在革命活动中，在改变环境的同时也改变着自己。① 书中还指出，个人怎样表现自己的生活，他们自己也就怎样。因此，他们是什么样的，这同他们的生产是一致的。② 书中把人与环境的关系明确地概括为"人创造环境，同样环境也创造人。"书中还③提出了"环境的改变和人的活动的一致，只能被看作是合理地理解为革命的实践。"④ 马克思认为，现实的人和社会环境的关系，先是物质环境对现实人的影响，产生积极的促进或者消极的制约作用。同时，作为个体的人对环境的自觉能动的实践也在不停改变着外在物质环境，这种物质环境的改变同时也在不断改变和塑造着人自身，概言之，现实的人和物质社会环境的关系是辩证统一的。这种互动辩证统一，是基于现实人的能动的实践基础之上的辩证统一，这既是《关于费尔巴哈的提纲》中马克思对人与环境的辩证回答，也是人与社会关系思想的坚实基础。

人与社会关系思想表达的观点是外部环境的发展和人的活动相趋同以及人的发展和真实的社会关系共同体进展相趋同。梳理"人与社会"关系的理论有助于树立人的可持续性发展思想，促使人与组织群体环境互相依存、互为共生；有助于树立集体价值观念的形成，创设良好的组织环境；有助于建立良好的组织文化和制度文化实现人与集体组织的良性互动；有助于在意识形态交锋中抵御负面意识形态的影响。

3.1.2 社会发展合力思想

社会发展合力思想是恩格斯同唯心主义与机械决定论理论斗争的思想结晶。社会发展合力是恩格斯对历史唯物主义的重要贡献，体现了历史唯物主义和辩证法的高度统一。在 19 世纪末，恩格斯在同资产阶级以及党内机会主义的理论斗争中，不断运用历史唯物主义和辩证唯物主义的方法，针对社会发展前进的动力提出社会发展合力思想。恩格斯在《致约·布洛赫》的信中详细阐述了社会发

---

① 《马克思恩格斯全集》第 3 卷，北京：人民出版社 1960 年版，第 234 页。
② 《马克思恩格斯全集》第 3 卷，北京：人民出版社 1960 年版，第 24 页。
③ 《马克思恩格斯全集》第 3 卷，北京：人民出版社 1960 年版，第 43 页。
④ 《马克思恩格斯全集》第 3 卷，北京：人民出版社 1960 年版，第 4 页。

展合力的思想，利用力学理论中的四边形原理和相关概念分析了社会发展过程中，群体个人理论和意志相互作用交织的情形，深刻剖析和揭开了历史发展运行过程中个体力量、各种因素与之相互发展的关系和作用机理，阐明了人类个体在社会发展中的作用以及社会发展的运动过程。

社会发展合力论是恩格斯对历史唯物主义的重要理论贡献，是其对历史唯物主义的重要补充。社会发展合力论从内容上包含了两方面的意蕴：我们自己创造着我们的历史。但是第一，我们是在十分确定的前提和条件下创造的。其中经济的前提和条件归根结底是决定性的，但是政治等的前提和条件，甚至那些萦回于人们头脑中的传统，也起着一定的作用，虽然不是决定性的作用。① 这句话说明在人们创造历史的实践活动中，政治、文化、制度、法律和经济共同助力于历史的进步，但经济因素起着确定性作用。但是第二，历史是这样创造的：最终的结果总是从许多单个的意志的相互冲突中产生出来的，而其中每一个意志，又是由于许多特殊的生活条件，才成为它所成为的那样，由此就产生出一个合力，即历史结果。② 这段话表示的是历史合力是在由许多个体的意志相互作用、相互抵消甚至相互冲突中产生的。

恩格斯指出，社会的发展进步是各种因素和力量相互耦合、相互斗争、相互结合、相互抵消后的合力结果。在历史社会发展过程中，不但要注重决定性或重要性力量所发挥的作用，同时也要注重其他各种力量对社会发展进程的影响，决定性和影响性因素不是简单的一视同仁对待来看，也不是放在同等重要的位置来对待，而是要坚持辩证地看待问题，抓住重点和关键力量，突出决定性的作用。同时，还要兼顾其他各种力量对社会发展进程的促进和抑制作用，运用辩证、矛盾的思维方式看待和解决问题，做到两手都要抓，都要抓好。

社会发展合力理论思想启示我们：首先，经济基础决定着人类历史的发展进程，起着决定性作用，政治、思想、文化、法律等因素的相互交织作用使个体的人产生了不同的生活条件，进而在意志、理想、动机等方面产生了差异，于是就形成了各种意志和力量的互相作用，这种相互交织的作用合力同样是历史进程的

---

① 《马克思恩格斯全集》第 3 卷，北京：人民出版社 1995 年版，第 696 页。
② 《马克思恩格斯全集》第 3 卷，北京：人民出版社 1995 年版，第 697 页。

决定性因素。其次，树立整体意识，"平行四边形"法则形容的是不同意志合力的相互作用，这种合力并不能简单地表述为力量的相加，而是各方面力量在互相作用、相互制约、互相制衡、彼此抵消、相互补充等情况下的综合作用。人民是这种意志力量的真正主体，社会发展合力的动力也来源于人民群体的意志力量。最后，引导人们一切从实际出发，依循历史发展的客观规律，本着从客观实际情况出发，既要脚踏实地，务实重做，又要仰望星空抬头看路，了解和把握历史发展的客观规律，调动一切积极因素，形成推动历史发展的合力。无论是一个国家、一个民族还是一个单位、一个组织群体，不同时期不同阶段的基础条件和发展状况是不尽相同的，只有对本国国情深入正确地理解分析之后，对症下药，走自己的发展道路，抓主要矛盾，才能顺应历史发展的客观规律，创造历史。

社会发展合力思想启示我们，要弘扬人民群众主体地位的必要性、组织和个人互动发展的必要性、党的领导和人民主体地位的辩证统一性。在组织育人实践中，注意树立整体观念，注意不同意志力量的整合和凝聚。历史是由作为主体的人的意志相互协调、互相冲突、相互作用进而形成合力推动的，任何个体力量看似不能推动历史的进程，却影响着历史的前进，个体的力量不能游离于整体之外。同时，需要注意的是个体的力量在总体合力中并不是消极被动的，个体对合力作用的大小和方向都将影响整体合力的大小和发展方向，只有找到不同意志力量相互结合的最好方式，才能最大限度地推动整体合力的产生。

3.1.3　共青团的建设思想

列宁在《共青团的任务》中的关于共青团建设的思想对高校组织育人，特别是发挥高校共青团思想引领作用具有重要的理论和实践指导作用，对增长青年学生的知识与才干、发展社会主义先进文化、理论联系实际、培养共产主义道德有重要指导意义。对于坚定共产主义理想信念、走新时代中国特色社会主义道路的信心、信念和决心，通过理论联系实际，提升自我的主动性、自觉性、积极性和创造性，不断吸收先进文化、掌握科学文化知识，增长自身本领，不断改造自己的人生观、价值观和世界观，为早日实现共产主义理想而发挥自身积极的作用。

第一，增长青年学生的知识与才干。列宁指出："全体青年的任务，尤其是共产主义青年团及其他一切组织的任务，可以用一句话来表达：就是学习""青年团和所有想走向共产主义的青年都应该学习共产主义""只有了解人类创造的一切财富以丰富自己的头脑，才能成为共产主义者"。① 其一，学习科学文化知识是时代发展所需。时代在发展和进步，只有学习知识，掌握技能，才能尽快提高自身的知识储备和专业技能，将知识所学、技能所备运用到中国特色社会主义建设的伟大实践中去，这既是思想政治教育的目的意义所在，也是青年学生成长成才所需。其二，掌握科学文化知识符合思想政治教育规律。思想政治教育并不是空对空，也不是简单的说教，而是将学习科学文化知识融入日常的思想政治教育活动中去，激发青年重视学习、爱好学习、擅长学习，运用学习去解决实际问题，进而改造世界的能力。如果不掌握科学文化知识，社会主义建设任务的完成就无从谈起，只有掌握了牢靠和扎实的专业科学知识技能，并将这些技能和知识转化成处理实际问题的能力，才能为中国特色社会主义事业的实践活动添砖加瓦。

第二，发展社会主义先进文化。进一步发展社会主义先进文化，思想政治教育运用社会主义先进文化不断凝聚青年、引领青年、会聚青年，只有确保中国特色社会主义事业正确的前进方向，才能坚守正确的马克思主义理论主阵地。发展社会主义先进文化既要吸收、借鉴和继承中华民族的优秀传统文化，也要扬弃外来的优秀文化为我所用。其一，中华文化博大精深，优秀的传统文化犹如天河中璀璨的繁星，形态多样、历久弥新，随着时间的推移和境遇的变迁，我们对流传至今的中华文化要"取其精华去其糟粕"，使选择的社会主义先进文化是科学的、民族的、大众的文化。同时，要进一步明确将革命文化、改革开放文化纳入社会主义先进文化的范畴内容之中，不断丰盈社会主义先进文化的内涵和时代表达。其二，要能够"扬弃"地吸收国外优秀文化，以马克思主义理论为依据和指导，坚持本源、努力开源，使社会主义先进文化的内涵更加丰富，更加具有时代性、开放性和大众性。

---

① 《列宁选集》，北京：人民出版社 1995 年版，第 245 页。

第三，理论联系实际。列宁认为，共产主义青年团必须把自己的教育、训练和培养同工农的劳动结合起来，不要关在自己的学校里，不要局限于阅读共产主义书籍和小册子。① 理论联系实际符合马克思主义的学风，是中国共产党一贯坚持的优良传统和优良作风，也符合思想政治教育实践活动的规律。对青年的思想政治教育工作不能仅停留在单一的说教、简单的理论灌输和空对空的宣讲上，应当将科学的、富有逻辑体系的理论知识融入生动的中国特色社会主义的伟大实践中去，用生动的案例诠释马克思主义的科学理论。将理论与实践相结合，使青年学生不但能够感受到马克思主义理论的博大精深，而且能够感受到马克思主义指导实践产生的历史伟力，感受到理论指导实践的巨大力量。同时，实践的经验和教训能够进一步丰富马克思主义理论的内涵，进一步丰富马克思主义中国化的理论体系，使科学的理论体系更有效地指导实践活动。

3.1.4 马克思主义政党建设思想

马克思主义政党建设思想是马克思主义的重要组成部分，马克思曾经具体阐述了马克思主义政党的性质、宗旨和使命任务，并对马克思主义政党的革命性品格和时代性、先进性品质进行了精辟论述，对马克思主义执政党政权的夺取、政权的巩固以及日后执政党对保持政党先进性，保持工人阶级先锋队的性质等理论问题进行了科学的分析和论述。马克思主义政党建设思想可以分为广义和狭义两部分，狭义的政党建设思想包括马克思主义政党产生的时代背景、历史条件、使命任务、理论基础、组织制度、组织路线、作风建设等方面；广义的政党建设思想包括马克思主义政党的基本特征、组织运行规则、历史发展态势和组织功能体现等方面。《共产党宣言》的诞生标志着马克思主义政党建设思想的产生，马克思主义政党建设思想在高校组织育人实践工作中体现在必须以党组织为核心，加强党组织的自身建设，通过完善组织制度、组织文化、组织环境，不断营造浓郁的组织育人氛围。马克思主义政党建设思想对高校组织育人的理论借鉴主要体现在与时俱进、因地制宜和理论武装群众三个方面的

---

① 《列宁选集》，北京：人民出版社1995年版，第148页。

理论品质。

与时俱进表达了马克思主义政党的理论观点，体系建构要与时代发展相适应，具体体现在：一是时代的发展和进步，不断使组织的内外部都发生着潜移默化的变化，这种变化会时刻影响组织的正常运转和发挥的作用，面对新情况、新问题、新特点和新形势必须能够及时作出新回应和新适应；二是针对组织内部现有的理论观点、体系机制运转中与时代发展的要求不适应的因素及时进行调整、补充和修改，进行必要的"扬弃"。

因地制宜体现了马克思主义政党的理论观点、机制体系建构要与本地区和本民族的具体实际情况相结合。一是要将马克思主义政党的基本观点、基本任务、历史使命和组织体系等理念与本地区、本民族的政党建设实际情况相结合，体现马克思主义政党的"本土化"，用马克思主义政党的基本观点和组织原则指导、指引本地区和本民族的政党建设。二是在政党建设过程中要突出本地区和本民族的特色内容，只有反映本地区和本民族的特色，才能更好地代表本民族和本地区的利益，将马克思主义的政党理论和本地区、本民族的实际特色相结合，发挥其有利优势，达成马克思主义政党的历史使命。

掌握群众体现了马克思主义政党的基本理论，组织体系机制的建构要与本地区、本民族的人民群众特别是马克思主义政党的党员、团员群众相结合。用马克思主义政党的科学理论掌握群众，进而组织群众，在这之中需要把握两个方面的内容：一是马克思主义理论的通俗化表达，即采用人民群众喜闻乐见的方式、形式和内容开展科学理论知识的传达、灌输和教育工作，使人民群众在接受教育的过程中有更多的获得感、认同感和归属感，进而增加理论灌输的教育效果。二是在组织和教育群众的过程中要充分发挥人民群众的主体性，激发人民群众的主观能动性，用马克思主义政党的科学理论建构人民群众的理论体系，指导其实践活动，并在实践活动的基础上进一步丰富和发展马克思主义政党理论，形成相互促进的良性发展态势。

3.2 中国共产党人的组织育人思想

从 1921 年 7 月 23 日中国共产党成立之日起，共产党的领导人毛泽东、周恩来、刘少奇等就十分重视从思想上建设党，把思想教育放在重要位置。在长期的革命和建设实践过程中，更是逐步摸索出了重视党的建设和思想教育工作，以团结尽可能多的组织成员去打败共同敌人的方法。例如，毛泽东指出："马克思列宁主义的基本原则，就是要使群众认识自己的利益，并且团结起来，为自己的利益而奋斗。"① 周恩来在《抗战军队的政治工作》中指出："抗战军队所经之地，政治机关必须给人民自主权利，宣传与动员人民，帮助与领导人民组织起来，武装起来。使各界各业人民都自动地组织抗日救国的团体，组织抗日的武装，一切不适合于动员广大人民参战的、限制人民行动的旧有组织，应给以改造，充实其民众基础，发挥民众的作用。只有这样，抗日的军队才能取得千千万万的民众力量的配合，抗战军队的一切需要与补充才能依靠人民的力量来解决。"② 刘少奇在《论党》中指出："我们的责任，就是去指导群众的行动，指导群众组织起来，斗争起来，在群众组织起来，斗争起来以后，我们再从群众的行动中去启发群众的再自觉。这样，一步一步地引导群众为党提出的人民群众的基本口号而斗争。"③ 这些论述阐述了组织在思想政治工作中起到的重要作用和强大的社会效果，为高校组织育人研究提供了重要的理论支撑。

中华人民共和国成立之后，毛泽东、邓小平、江泽民、胡锦涛、习近平关于党的建设、高校党的建设、思想政治工作都有较多的论述，这些理论积淀是指导高校组织育人的重要理论依据。

---

① 《毛泽东文集》第 4 卷，北京：人民出版社 1999 年版，第 1318 页。
② 《周恩来选集》上卷，北京：人民出版社 1980 年版，第 99 页。
③ 《马克思主义思想政治教育著作导读》，北京：高等教育出版社 2001 年版，第 422 页。

3.2.1　坚持党的领导

坚持党的领导，完善党的建设，是中国共产党人关于组织育人思想的基础。这其中，毛泽东、邓小平、江泽民、胡锦涛和习近平对坚持党的建设和党的领导都有许多重要论述。

第一，毛泽东关于党的建设思想。1939 年 10 月，毛泽东在《〈共产党人〉发刊词》中提出，要推进党的建设伟大工程，努力把党建设成为"全国范围的、广大群众性的、思想上政治上组织上完全巩固的"马克思主义政党。①

一是要坚持党的领导，这是中国共产党自革命战争以来积累的最重要的经验和宝贵的财富。"要想火车快，全靠车头带"任何组织要想取得更大的进步必须有坚强的领导核心，在革命年代，各种思想纷繁复杂，各种力量暗潮涌动，各种矛盾集中凸显，要想取得革命的成功，集中统一领导至关重要。通过党的集中统一领导，团结一切可以团结的力量进行革命战争，要想号召统一行动的力量，没有党的集中统一领导是不可能实现的。毛泽东曾将共产党定义为"发动者、宣传队、先锋队、作战部"，要以广大人民群众为坚实基础，全心全意为人民服务。

二是要坚持"支部建在连上"这一光荣传统，为什么要将支部建在连上？毛泽东这样回答："好钢用在刀刃上，连队是刀，共产党员是钢。"1927 年，在南昌起义和秋收起义均没有取得成功的前提下，毛泽东总结失败的经验，决定进行三湾改编，正式实施支部建在连上，这一传统一直沿用至今，成为我党的坚强组织保障。在无数的战争和混乱中，共产党人虽然偶有失败，却一直没有溃散的主要原因就是得益于这一法宝。随着共产党的不断强大，"支部建在连上"这一制度也在不断完善，进而形成惯例并延续至今。

第二，邓小平关于高校党的领导思想。20 世纪 70 年代末，邓小平在谈及如何办好北京大学的时候，对时任教育部部长讲："要实行党委书记领导下的校长责任制。"② 此后不久，党的十一届三中全会召开之后，《全国重点高等学校暂行工作条例（试行草案）》正式颁布。在此之后，1980 年颁布实施的《关于加强

---

① 《毛泽东选集》第 2 卷，北京：人民出版社 1991 年版，第 603 页。
② 《邓小平年谱（1975—1997）》上册，北京：中央文献出版社 2004 年版，第 286 页。

高等学校领导班子建设工作的若干意见》中提到，"党委领导下的校长分工负责制"，标志着党对高校的领导正式明确起来。

第三，江泽民关于高校党的领导思想。在1990年召开的高等学校党的建设工作会议上，首次明确了高校党委对高校工作的领导地位对加强高校党的建设具有重要的指导作用，明确了"党委领导下的校长负责制"，明确了党委统一领导学校工作的总体工作思路，突出了党委在高校工作中的领导地位。随后的每次全国高校党的建设工作会议都会围绕国家和社会以及高等教育发展改革的形势确立会议主题，并在基层组织建设方面、组织队伍建设方面、领导干部工作作风和思想作风方面等进行制度设计和体制机制安排，推动高校党建工作的不断完善和创新发展。这一时期，高校党的建设工作在反思中取得长足发展，形成了良好的党建工作氛围，取得了诸多成绩。

第四，胡锦涛关于高校党的领导思想。《关于进一步加强和改进大学生思想政治教育的意见》中明确指出，在高校思想政治教育工作实践中，要不断建立健全党委统一领导，党政群齐抓共管，各个部门各负其责的领导体制和工作机制，进而形成高校思想政治教育工作的合力。

第五，习近平关于高校党的领导思想。习近平指出，要坚持和完善党委领导下的校长负责制，不断改革和完善高校体制机制。① 坚持党委领导下的校长负责制，不断完善领导体制，党委领导下的校长负责制是确保我国高校坚持社会主义办学方向的根本保证，只有不断深化完善这一制度，才能使我国高校更好地为全面建成小康社会服务，为中国特色社会主义服务。习近平认为，既充分发挥党委的领导核心作用，又切实保证校长在依法行政中的执行权力，切实提高高校领导班子办学治校能力。这确保了高校党委对高校的政治领导、思想领导和组织领导。习近平关于高校党的领导标志着党对高校全面领导思想的正式确立。

中国共产党关于加强党对高校领导思想的一系列论述体现为：就是要将党的路线方针政策以及党的办学指导思想贯彻落实到高校立德树人的方方面面，通过强化政治责任，优化人才管理和使用体制机制，保障校长独立行使职权等措施，

---

① 《坚持立德树人思想引领 加强和改进高校党建工作》，《人民日报》2014年12月30日，第1版。

实现办社会主义大学的政治方向不动摇。

3.2.2 强化思想引领

强化思想引领，重视思想政治工作是中国共产党人有关组织育人思想的重要体现。

第一，重视思想教育工作。毛泽东非常重视思想教育工作，提出了思想政治工作是"生命线"的观念。1932 年，中共中央在《中央给苏区中央局及苏区闽籍两省委信》中指出："政治工作在红军中有决定的意义，每一个红军战斗员不仅要能够有充分的军事技术——一手的武装，而且最重要的是脑子的武装。必须充实现有军队中的政治工作，实现中央政治工作条例，政治工作不是附带的，而是红军的生命线"。① 1944 年，毛泽东在修改谭政撰写的《关于军队政治工作问题》（也称《谭政报告》）一文时，明确阐述道："共产党领导的革命的政治工作是革命军队的生命线"。② 在 1945 年《论联合政府》报告中，毛泽东再次指出："掌握思想教育，是团结全党进行伟大政治斗争的中心环节。如果这个任务不解决，党的一切政治任务是不能完成的。"③

第二，坚定理想信念。邓小平曾经讲过："过去我们党无论怎样弱小，无论遇到什么困难，一直有强大的战斗力，因为我们有马克思主义和共产主义的信念。有了共同的理想，也就有了铁的纪律。无论过去、现在和将来，这都是我们的真正优势。"④ 体现出邓小平对加强思想引领工作的重视。

第三，强化理论学习。江泽民提出要将大学生的理论武装工作提高到一个新的水平，提出了"三进"工作的要求，明确提出要将邓小平理论进教材、进课堂、进头脑，并且在 1998 年 4 月的中央政治局常委会上专题讨论了在高校专门开设邓小平理论课的问题。这充分反映了以江泽民同志为核心的第三代中央领导集体对加强高校青年学生理论学习和思想引领工作的重视。

① 《中共中央文献选集》（1932-1933），北京：中共中央党校出版社 1985 年版，第 269 页。
② 《中共中央文件选集》第 14 册，北京：中共中央党校出版社 1992 年版，第 207 页。
③ 《毛泽东选集》第 3 卷，北京：人民出版社 1991 年版，第 1094 页。
④ 《邓小平文选》第 3 卷，北京：人民出版社 1993 年版，第 144 页。

第四，强调理想信念教育。胡锦涛在保持党的先进性教育活动中指出，要把理想信念教育作为党的先进性教育的首要环节。只有通过理想信念教育的思想引领，才能产生强大的精神力量，焕发革命热情，汇聚奋斗力量，凝聚中国特色社会主义共同理想和共产主义远大理想。

第五，强化思想引领，做好意识形态工作。习近平强调，强化思想引领，牢牢把握高校意识形态工作领导权。① 想要把高校党组织意识形态工作抓紧抓好抓出成效，必须运用科学的方式方法和工作技巧，一是高校党组织要注重"顶层设计"，构建合理科学的思想政治教育格局。为此，习近平总书记指出，各级党委要把高校思想政治工作摆在重要位置，加强领导和指导，形成党委统一领导、各部门各方面齐抓共管的工作格局。② 二是进一步充实打造高素质的高校思政治教育工作队伍。习近平总书记指出建设一支专兼结合的高素质党务工作和大学生思想政治工作干部队伍，是全面加强高校党的建设、加强和改进大学生思想政治工作的必然要求。③ 这就要求高校必须按照德才兼备、专兼结合的原则，选拔政治素养高、学术造诣深、工作能力强的党员干部从事高校党务和思想政治教育工作。

中国共产党关于强化思想引领的重要思想启示我们，思想政治工作对于凝聚团结人民大众具有重要作用，在高校组织育人工作中，强化思想引领，有效高效地开展思想政治教育工作，对于凝聚高校青年学生思想，汇聚建设中国特色社会主义思想的强大力量具有重要现实意义。

3.2.3 加强组织建设

党的组织建设对于保证组织路线、思想路线的正确方向起着决定性作用。中国共产党人高度重视组织建设，党的基层组织是党的重要战斗力所在，是党密切联系群众的纽带，也是党落实工作组织支撑和保证。毛泽东曾经深刻指出，政治

---

① 人民日报评论员：《坚持立德树人思想引领 加强和改进高校党建工作》，《人民日报》2014 年 12 月 30 日第 1 版。

② 人民日报评论员：《把思想政治工作贯穿教育教学全过程开创我国高等教育事业发展新局面》，《人民日报》2016 年 12 月 9 日，第 1 版。

③ 人民日报评论员：《在新的历史起点上努力开创高校党建工作新局面》，《人民日报》2008 年 12 月 20 日，第 1 版。

路线确立以后，干部就是决定性因素。因此，他提出了干部队伍德才兼备的建设标准。党的十一届三中全会以后，邓小平提出了干部要年轻化、知识化和专业化的指导方针。1995 年，江泽民针对干部队伍建设的现状提出了"三讲"的组织建设要求，即讲学习、讲政治、讲正气。胡锦涛在十七届中共中央政治局第二十一次集体学习中指出，只有党的基层组织充分发挥战斗堡垒作用，基层干部发挥骨干带头作用，党员发挥先锋模范作用，才能推动党和人民事业不断前进。习近平指出，高校基层党组织建设和党员队伍建设是高校党的建设的基础工程，是团结、组织广大师生的凝聚力工程。各级党委和高校党组织要加大力度，坚持不懈地做好抓基层、打基础的工作，充分发挥高校党组织的战斗堡垒作用和党员的先锋模范作用。① 习近平还强调，要加强高校党的基层组织建设，创新体制机制，改进工作方式，提高党的基层组织做思想政治工作能力。②

在新的时代背景下，各种社会矛盾和利益诉求错综复杂，加强高校党的基层组织建设必须以创新方式方法来适应新形势的变化，让高校党组织更好地发挥战斗堡垒作用。首先，要建立服务型和学习型党组织，从大学生群体的需求出发，鼓励学习，利用群体中的先进分子或优秀干部来带动其他学生，营造学的氛围，促进大学生真学、真信、真用。其次，要激发党员队伍活力，用学生喜闻乐见的方式讲述鲜活的内容，增加学习效果，通过主题党日、帮扶活动等加大对学生群体的帮扶和激励，利用微博、微信等新媒体平台来增加教育内容的可看性和趣味性，进而更好地发挥党组织的战斗堡垒作用。

3.2.4 党建育人结合

党的建设本身就具有思想政治教育的作用和效果，将党的建设和思想政治工作结合起来是中国共产党人的优良传统，也为组织育人实践提供了宝贵的思想借鉴。

---

① 人民日报评论员：《在新的历史起点上努力开创高校党建工作新局面》，《人民日报》2008 年 12 月 20 日，第 1 版。

② 人民日报评论员：《把思想政治工作贯穿教育教学全过程开创我国高等教育事业发展新局面》，《人民日报》2016 年 12 月 9 日，第 1 版。

毛泽东指出："马克思列宁主义的基本原则，就是要使群众认识自己的利益，并且团结起来，为自己的利益而奋斗。"① "我们的教育方针，应该使受教育者在德育、智育、体育几方面都得到发展，成为有社会主义觉悟的、有文化的劳动者。"②

1978年4月，邓小平在全国教育工作会议上提到："毫无疑问，学校应该永远把坚定正确的政治方向放在第一位"③。体现了扎根中国大地办中国特色社会主义高校必须要把握正确的政治方向，营造良好的校园政治氛围和育人风气，实现党对高校的全面领导，注重党组织的自身建设，在对青年学生进行思想政治教育的同时，积极贯彻党的路线方针政策，将党的号召变成青年学生的自觉行动。

江泽民曾提到，党的基层组织是党的全部工作和战斗力的基础，应该成为贯彻"三个代表"重要思想的组织者、推动者和实践者。要坚持围绕中心、服务大局，拓宽领域、强化功能，扩大党的工作的覆盖面，不断提高党的基层组织的凝聚力和战斗力。④ 高校作为党的基层组织，在党的建设中理应肩负起培养青年学生全面发展，营造良好政治风气，培树浓郁学习环境的职责使命。

胡锦涛在庆祝中国共产党成立90周年的大会上明确指出，要把服务群众、做群众工作作为基层党组织的核心任务和基层干部的基本职责，使基层党组织成为推动发展、服务群众、凝聚人心、促进和谐的坚强战斗堡垒。⑤ 这段话充分表明在高校党组织建设中，要把服务学生全面发展、提升青年学生综合素质，培养中国特色社会主义的建设者和接班人作为中心工作和首要任务，发挥党的基层组织的战斗堡垒作用。

党建思想是习近平新时代中国特色社会主义思想的重要组成部分。习近平认为，教育是提高人民综合素质、促进人的全面发展的重要途径，是民族振兴、社

① 《毛泽东文集》第4卷，北京：人民出版社1999年版，第1318页。
② 《毛泽东文集》第7卷，北京：人民出版社1999年版，第226页。
③ 《普通高校思想政治理论课文献选编（1949—2008）》，北京：中国人民大学出版社2008年版，第256页。
④ 《江泽民文选》第3卷，北京：人民出版社2006年版，第571页。
⑤ 胡锦涛：《在庆祝中国共产党成立90周年大会上的讲话》，北京：人民出版社2011年版，第10页。

会进步的重要基石，是对中华民族伟大复兴具有决定性意义的事业。[①] 高校的根本任务是培育德智体美劳全面发展的中国特色社会主义建设者和可靠接班人，这也是高校党的建设的根本任务。[②] 2019 年 1 月 17 日，习近平总书记在考察调研南开大学时强调，高校党组织要把抓好学校党建工作和思想政治工作作为办学治校的基本功。[③] 这充分体现了党的建设和育人工作相结合是高校党组织育人的必然要求，党组织在高校思想政治教育实践中不但起到组织保障作用，其自身的优秀特质也能起到较好的育人效果。在党的建设和育人工作相结合的过程中，务必要以党的政治建设为统领推进高校党的建设的各项工作，加强政治引领和价值引领，以政治建设加强党的组织建设，以党组织建设的高水平带动高校党组织育人的高质量。

---

① 《做党和人民满意的好老师》，北京：人民出版社 2014 年版，第 2 页。

② 人民日报评论员：《在新的历史起点上努力开创高校党建工作新局面》，《人民日报》2008 年 12 月 20 日，第 1 版。

③ 习近平：《稳扎稳打勇于担当敢于创新善作善成　推动京津冀协同发展取得新的更大进展》，《中国教育报》2019 年 1 月 19 日，第 1 版。

4 高校组织育人的时代境遇

本章针对高校组织育人的时代境遇展开论述，分析了高校组织育人的有利条件，认为党组织的领导优势、组织育人体系的稳定、育人资源能够有效调整与配置是开展高校组织育人的有利条件和优势所在。针对高校组织育人体系作用的发挥、组织制度执行情况、理论教育方式方法、育人传播途径、思想政治教育者理论与媒介素养进行论证后发现，目前高校组织育人的党组织育人作用发挥较好，但存在作用效果"层层递减"，主体意识不够突出、创新发展意识不强、协同效应有待形成的问题。在此进行正反两方面的对比研究基础之上，分析高校组织育人面临的机遇和存在的挑战，分析高校立德树人的思想导向，以及高校各类组织在育人实践中的积极探索是现阶段开展组织育人工作的重要机遇。同时，在经济全球化信息社会多元化的时代背景下，主体意识不均衡、育人机制有待理顺以及育人方式不灵敏是当下的主要挑战。

4.1 高校组织育人的现状分析

通过对高校组织育人取得的成就和存在的优势进行剖析，了解高校组织育人在现阶段开展思想政治教育工作中的有利条件。通过分析高校组织育人现存的问题和不足，了解高校组织育人在现时代开展思想政治教育实践活动中遇到的困惑和原因。通过正反两方面的对比、分析和了解，对高校组织育人现阶段开展的思想政治教育工作进行客观评价，为提出向好发展的措施提供客观依据。

4.1.1 高校组织育人现状调研分析

新时代带来新认识，新认识促进新改革。在新时代背景条件下，为进一步发挥高校组织育人的作用，必须了解当前高校组织育人的实际状况。为此，本书立足河南省针对高校组织育人的现实状况展开实证调研，以本科院校为调研样本，按照综合类、师范类、农林类、医科类、政法类、理工类、财经类进行随机抽样，确定了21所本科高校作为调研样本。通过开展调研问卷、座谈谈话、随机抽访、实地走访、网络访问等方式对21所本科院校的组织育人工作进行考察。针对高校组织育人体系作用的发挥、组织制度执行情况、理论教育方式方法、育人传播途径、思想政治教育者理论与媒介素养进行实证调研，坚持问题导向、"靶向施策"。通过客观分析高校组织育人现状，剖析目前高校组织育人实践过程中存在的不平衡不充分情况，加强与改进高校组织育人的效果，努力解决和克服基层组织在育人实践中出现的育人功能弱化、虚化、边缘化的问题。

4.1.1.1 问卷基本情况介绍

本次调研共发放问卷3500份，收回问卷3342份，经过筛选和分析获得有效问卷3227份，有效问卷回收率为96.56%。调研样本基本情况如表4-1所示。

表4-1 调研样本基本情况分布

项目	类别	样本数（个）	所占比重（%）
性别	男	1380	42.76
	女	1847	57.24
学历层次	本科	2807	86.99
	硕士	291	9.02
	博士	129	3.99
政治身份	党员	1924	59.62
	团员、入党积极分子	1236	38.30
	群众	67	2.08

项目	类别	样本数（个）	所占比重（%）
院校名称	郑州大学	177	5.49
	河南大学	133	4.12
	河南科技大学	152	4.71
	河南理工大学	164	5.08
	河南农业大学	125	3.87
	河南工业大学	184	5.70
	河南师范大学	143	4.43
	河南财经政法大学	215	6.66
	华北水利水电大学	182	5.64
	河南中医药大学	174	5.39
	商丘师范学院	131	4.06
	信阳师范学院	149	4.62
	河南科技学院	152	4.71
	郑州航空工业管理学院	123	3.81
	郑州轻工业大学	167	5.18
	河南牧业经济学院	172	5.33
	新乡医学院	146	4.52
	南阳师范学院	128	3.97
	安阳师范学院	138	4.28
	洛阳师范学院	156	4.83
	新乡学院	116	3.60

通过调研问卷分析，我们发现相比育人组织完整的组织体系、完善的组织制度、系统科学的理论体系，组织育人作用发挥不够充分、组织制度执行尚不到位、育人方式较为简单和教育者育人能力相对不足的现状较为突出。

4.1.1.2　问卷信度、效度检验

"大学生个人认知状况"量表共涉及 6 个项目，采用李克特五分量表法进行分析。根据受访者认知能力的选择依次从 1 分到 5 分赋值①，经过可靠性分析，

---

① 1 分"完全不同意"、2 分"不同意"、3 分"不确定"、4 分"同意"、5 分"非常同意"，余同。

该量表信度系数 Cronbach's α（克朗巴哈阿尔法系数）= 0.875，说明内部条目一致性较好。经检验，KMO 样本合适性测定值为 0.852，Bartlett 球形检验近似卡方值为 8602.762，伴随概率值为 0.000<0.001，达到了显著性水平，表明数据适合做探索性因子分析。采用主成分分析法和最大方差旋转，从 6 个项目中抽取"大学生个人认知状况" 1 个因子，用 Y1 表示（见表 4-2）。结果显示，这个因子的累计方差贡献率为 60.611%，表明能够较好地解释关于大学生个人认知状况的调查内容。

表 4-2　大学生个人认知状况的探索性因子分析

编码	大学生个人认知状况	成分
		Y1
X_1	对组织制度的了解	0.890
X_2	对组织生活制度的了解	0.864
X_3	了解新时代中国特色社会主义理论	0.839
X_4	关注时事政治	0.794
X_5	了解党委领导下的校长责任制	0.666
X_6	个人感知能力	0.565

"组织育人执行状况"量表共涉及 7 个项目，采用李克特 5 点评分量表进行分析。根据受访者反馈的答案由差到好依次从 1 分到 5 分赋值，经过可靠性分析，该量表信度系数 Cronbach's α（克朗巴哈阿尔法系数）= 0.840，说明内部条目一致性较好。经检验，KMO 样本合适性测定值为 0.837，Bartlett 球形检验近似卡方值为 7685.270，伴随概率值为 0.000<0.001，达到了显著性水平，表明数据适合做探索性因子分析。采用主成分分析法和最大方差旋转，从 7 个项目中抽取"组织育人执行状况" 1 个因子，用 Y1 表示（见表 4-3）。结果显示，这个因子的累计方差贡献率为 52.906%，表明能较好地解释关于组织育人执行状况的调查内容。

表 4-3　组织育人执行状况的探索性因子分析

编码	组织育人执行状况	成分
		Y1
X₁	组织活动内容丰富	0.795
X₂	组织育人形式多样	0.788
X₃	接受思想政治教育占参加组织活动比重	0.725
X₄	开展活动按时、保质、保量	0.719
X₅	理论与实践育人相结合	0.714
X₆	利用新媒体进行互动	0.687
X₇	参加组织活动时间占日常生活比重	0.652

"育人环境"量表共涉及 9 个项目，采用李克特 5 点评分量表进行分析。根据受访者反馈的信息将选项由低到高依次从 1 分到 5 分赋值，经过可靠性分析，该量表信度系数 Cronbach's α（克朗巴哈阿尔法系数）= 0.882，说明内部条目一致性较好。经检验，KMO 样本合适性测定值为 0.911，Bartlett 球形检验近似卡方值为 11590.549，伴随概率值为 $0.000 < 0.001$，达到了显著性水平，表明数据适合做探索性因子分析。采用主成分分析法和最大方差旋转，从 9 个项目中抽取"文化育人环境"和"制度育人环境"2 个因子，用 Y1 和 Y2 表示（见表 4-4）。结果显示，这个因子的累计方差贡献率为 64.921%，表明能够较好地解释关于育人环境的调查内容。

表 4-4　育人环境的探索性因子分析

编码	育人环境现状	成分	
		Y1	Y2
X₁	党员团员发挥模范作用	0.827	0.231
X₂	教育者的综合育人素养	0.804	0.227
X₃	组织育人文化氛围	0.780	0.251
X₄	党组织在思想政治建设发挥作用	0.711	0.252
X₅	育人软硬件设备齐全	0.583	0.516
Z₁	对组织活动开展日常考核	0.222	0.824
Z₂	对育人者开展理论培训	0.189	0.813

续表

编码	育人环境现状	成分	
		Y1	Y2
Z_3	组织制度合理健全	0.375	0.688
Z_4	建立教育培训常态机制	0.321	0.647

"组织育人效果"量表共涉及 5 个项目，采用李克特 5 点评分量表进行分析。根据受访者反馈的育人效果由好到坏的评价依次从 5 分到 1 分赋值，经过可靠性分析，该量表信度系数 Cronbach's α（克朗巴哈阿尔法系数）= 0.904，说明内部条目一致性很好。经检验，KMO 样本合适性测定值为 0.879，Bartlett 球形检验近似卡方值为 8949.183，伴随概率值为 0.000<0.001，达到了显著性水平，表明数据适合做探索性因子分析。采用主成分分析法和最大方差旋转，从 5 个项目中抽取"组织育人效果" 1 个因子，用 Y1 表示（见表 4-5）。结果显示，这个因子的累计方差贡献率为 72.550%，表明能够很好地解释关于组织育人效果的调查内容。

表 4-5　组织育人效果的探索性因子分析

编码	组织育人效果现状	成分
		Y1
X_1	社会主义核心价值观教育效果	0.893
X_2	网络开展思想政治教育效果	0.890
X_3	思想政治教育对成才成长的影响	0.876
X_4	对思想政治教育作用的评价	0.827
X_5	学生参与组织活动积极性	0.766

4.1.1.3　高校组织育人现状分析

（1）理论认知状况

1）高校学生对时事政治及思想政治理论的关注状况。

表 4-6 显示半数以上（约 56.90%）的高校学生对时政新闻有较高的关注度，只有 7.71%的学生对时政新闻"不关心"或"偶尔关心"。

表4-6　高校学生对时政新闻的关注程度

	样本数（个）	所占比重（%）
不关心	87	2.69
偶尔关心	162	5.02
一般	1142	35.39
比较关心	1294	40.10
非常关心	542	16.80

表4-7显示绝大多数（89.83%）高校学生对思想政治理论知识有所关注和了解，约占比只有少部分学生对思想政治理论知识"不关心"或"不了解"。

表4-7　高校学生对思想政治理论信息的关注程度

	样本数（个）	所占比重（%）
不关心	120	3.72
不了解	208	6.44
了解一点	1195	37.03
了解	1366	42.33
非常了解	338	10.47

2）学生党员对党章的了解状况。

如表4-8所示，约86.89%的高校学生对党章有所了解，其中对党章"了解一点"的学生党员比重最高，为43.60%，而对党章"不关心"或"不了解"的占比为13.11%。

表4-8　高校学生对党章的了解状况

	样本数（个）	所占比重（%）
不关心	67	2.08
不了解	356	11.03
了解一点	1407	43.60
了解	1026	31.79
非常了解	371	11.50

表4-9显示，约有81.68%的高校学生对组织生活制度有所了解，其中41.43%的学生党员对组织生活制度只是"了解一点"，能够详细了解的仅占9.92%，约有18.32%的学生对组织生活制度"不关心"或"不了解"。

表4-9　高校学生对组织生活制度的了解状况

	样本数（个）	所占比重（%）
不关心	130	4.03
不了解	461	14.29
了解一点	1337	41.43
了解	979	30.33
非常了解	320	9.92

（2）政治观

1）学生党员入党动机与意愿。

入党动机是高校学生政治观的重要体现，问卷就高校学生的入党动机做了调查。表4-10显示，半数以上的学生党员拥有端正的入党动机，其中有32.90%的学生党员是为了"服务同学，锻炼自我"，28.72%的学生党员是"为了共产主义理想和信念"，仍有38.38%的学生党员需要端正其入党动机。

表4-10　高校学生入党动机

	样本数（个）	所占比重（%）
服务同学，锻炼自我	1062	32.90
为了共产主义理想和信念	927	28.72
工作需要	373	11.54
家长、朋友支持	362	11.23
评优、评先方便	272	8.43
从众心理	169	5.25
其他	62	1.92

表4-11显示，79.45%的学生有较为强烈的入党意愿，可以看出高校学生群体保持着较高的入党积极性，只有6.10%的高校学生表示"从未想过"或"无

所谓，入党对我影响不大"。

表4-11 高校学生入党意愿

	样本数（个）	所占比重（%）
从未想过	53	1.64
无所谓，入党对我影响不大	144	4.46
意愿一般，最好加入	466	14.45
较强意愿，努力向组织靠拢	1165	36.11
愿望极其强烈，抓住一切机会	1399	43.34

2）对党的领导的认同。

党是领导一切的，高校学生对党的领导的认同状况是评价其政治观及高校思政教育成效的重要指标。表4-12显示，绝大多数高校学生能正确看待党的领导并表示认同，其中"强烈认同"者所占比重最高，为46.67%，只有8.51%的高校学生对党的领导表示"不认同"和"较低认同"。可见，高校学生对党的领导的认同度较高。

表4-12 高校学生对党的领导的认同状况

	样本数（个）	所占比重（%）
不认同	106	3.27
较低认同	169	5.24
一般	796	24.67
较高认同	650	20.15
强烈认同	1506	46.67

（3）日常思想政治教育活动及其效果

1）日常思想政治教育开展状况。

表4-13显示，开展日常思政教育的组织者主要是"学院党、政、团干部"，占比为32.54%，其次是"学生干部"，占比为27.66%，辅导员及思想政治课教师占比分别为20.95%、14.87%。

表4-13　开展日常思政教育组织者分布（多选题）

	样本数（个）	所占比重（%）
思想政治课教师	1016	14.87
学院党、政、团干部	2224	32.54
辅导员	1432	20.95
学生干部	1890	27.66
不清楚	272	3.98

表4-14为高校学生参加组织活动占课外活动的时间比重，其中45.49%的学生认为组织活动占课外活动时间比重为"一般"，认为所占比重"较大"或"很大"的为31.92%，有22.59%的受访学生表示组织活动占据其课外活动时间的比重为"较小"或"几乎没有"。

表4-14　参加组织活动占课外活动时间比重

	样本数（个）	所占比重（%）
几乎没有	180	5.58
较小	549	17.01
一般	1468	45.49
较大	663	20.55
很大	367	11.37

思想政治教育工作是开展组织育人活动的根本任务。表4-15显示，有47.42%的受访学生表示思想政治教育占据较大一部分组织活动时间，有39.48%的学生认为思想政治教育占其参加组织活动时间比重为"一般"，有13.11%的高校学生表示"几乎没有"或"较小"。

表4-15　思想政治教育占组织活动时间比重

	样本数（个）	所占比重（%）
几乎没有	128	3.97
较小	295	9.14
一般	1274	39.48

续表

	样本数（个）	所占比重（%）
较大	1017	31.52
很大	513	15.90

单一的理论教育会使育人形式单调，内容枯燥乏味，辅之以有效的实践教育可以有效改善组织育人效果，加深对受教育者的影响。表4-16显示，"偶尔"开展实践教育所占比重最高，为35.74%，有48.93%的受访学生表示其所在组织开展实践教育活动的频次为"一般"或"经常"，15.33%的受访者表示"从未参与"或"不清楚"。

表4-16　开展实践教育活动频次

	样本数（个）	所占比重（%）
不清楚	399	12.36
从未参与	96	2.97
偶尔	1153	35.74
一般	569	17.63
经常	1010	31.30

表4-17显示，受访高校学生中将日常时间花费在"学习"上的占比最高，为30.78%，将时间花费在"参加组织活动"与"了解时政新闻"上的学生也占有较高比重，为23.96%，其次为"休闲娱乐"，占比为14.59%，可见在高校学生的日常活动中，组织活动扮演重要的角色。

表4-17　占据高校学生较多时间的日常活动（多选题）

	样本数（个）	所占比重（%）
学习	2309	30.78
了解时政新闻	783	10.43
参加组织活动	1015	13.53
文体活动	656	8.74

	样本数（个）	所占比重（%）
社团活动	831	11.07
休闲娱乐	1095	14.59
志愿者服务	305	4.06
就业创业及社会实践活动	286	3.81
其他	224	2.99

2）日常思想政治教育效果评价。

表4-18显示，社会主义核心价值观教育取得了明显成效，绝大多数高校学生表示其所受到的社会主义核心价值观教育效果在"一般"及以上，其中认为效果"较好"的受访学生所占比重最高，为38.70%，有8.65%的受访学生表示活动效果"较差"或"不清楚"。

表4-18　社会主义核心价值观教育活动效果

	样本数（个）	所占比重（%）
较差	131	4.06
不清楚	148	4.59
一般	938	29.07
较好	1249	38.70
非常好	761	23.58

表4-19显示，高校学生对参与日常组织活动保持着"较高"及以上的积极性，占比62.66%，其中有36.29%的受访学生参与积极性"较高"，参与积极性"很高"的学生占比为26.37%。只有11.43%的学生对参与组织活动兴趣"很低"或"较低"。

表4-19　高校学生参与日常组织活动积极性

	样本数（个）	所占比重（%）
很低	172	5.33

续表

	样本数（个）	所占比重（%）
较低	197	6.10
一般	836	25.90
较高	1171	36.29
很高	851	26.37

表4-20显示，绝大多数受访学生认为接受日常思想政治教育对其成才成长有所影响，其中认为影响"较大"的学生所占比重最高，为38.40%，其次为影响"一般"，也有9.04%的受访学生认为日常思想政治教育对其影响"很小"或"几乎没有"。

表4-20 日常思想政治教育对学生成才成长的影响

	样本数（个）	所占比重（%）
几乎没有	115	3.56
很小	177	5.48
一般	957	29.66
较大	1236	38.40
非常大	742	22.99

表4-21显示，学生对日常思想政治教育效果和作用普遍持积极的评价，其中认为"作用较大"的比重最高，为41.72%，其次是"作用一般"，占比为28.81%，有9.48%的受访学生认为日常思政教育"无作用"或"作用较小"。

表4-21 学生对日常思政教育效果和作用的评价

	样本数（个）	所占比重（%）
无作用	124	3.84
作用较小	182	5.64
作用一般	930	28.81
作用较大	1346	41.72
作用重大	645	19.99

（4）育人途径与育人效果

1）教育者与育人效果。

为了分析教育者的个人素养对高校组织育人效果的影响，将受访学生对其所在组织育人效果评价从"无作用"到"作用重大"依次从1分到5分赋值。将其与育人者的个人素养变量进行一般线性回归分析。按照0.05的检验标准，结果有统计学意义的变量包括育人者的"综合素养""人格魅力""育人技巧""理论素养"。结果如表4-22所示。

表4-22　教育者素养对育人效果影响的一般线性回归

	非标准化系数		标准化系数	统计量	显著性水平
	B	标准误差	Beta	t	P
常数项	−0.065	0.045		−1.466	0.143
综合素养	0.430	0.013	0.397	34.333	0.000
人格魅力	0.401	0.014	0.402	28.635	0.000
育人技巧	−0.014	0.019	−0.013	−0.745	0.457
理论素养	0.221	0.015	0.229	14.577	0.000

$$n = 3160 \quad R^2 = 0.717 \quad F = 1997.794$$

就综合素养而言，高校组织育人者综合素养越高，育人效果也就越好。具体来讲，高校组织育人者的综合素养每升高一个等级，就会使得育人效果相应提升0.430个单位。

就人格魅力而言，高校组织育人者人格魅力越高，育人效果相应也就越好。具体来讲，高校组织育人者的人格魅力每升高一个等级，就会使育人效果相应提升0.401个单位。

就育人技巧而言，高校组织育人者育人技巧越高，育人效果相应想法有所下降。具体来讲，高校组织育人者的育人技巧每升高一个等级，就会使育人效果相应降低0.014个单位。

就理论素养而言，高校组织育人者的理论素养越高，育人效果也就随之提升。具体来讲，高校组织育人者的理论素养每升高一个等级，就会使得育人效果相应提升 0.221 个单位。

2）育人环境与育人效果。

为了分析育人环境对高校组织育人效果的影响，将受访学生对其所在组织育人效果的评价从"无作用"到"作用重大"依次从 1 分到 5 分赋值，将其与育人环境变量进行一般线性回归分析。按照 0.05 的检验标准，结果有统计学意义的变量有文化氛围、活动内容、活动形式、活动质量、日常考核、软硬件设备、教育培训常态机制等。结果如表 4-23 所示。

表 4-23　育人环境对育人效果影响的一般线性回归

	非标准化系数		标准化系数	统计量	显著性水平
	B	标准误差	Beta	t	P
常数项	0.647	0.091		7.091	0.000
专职育人队伍	0.008	0.035	0.003	0.222	0.825
文化氛围	0.103	0.016	0.107	6.254	0.000
活动内容	0.198	0.018	0.223	11.071	0.000
活动形式	0.328	0.019	0.333	17.289	0.000
活动质量	0.127	0.024	0.082	5.212	0.000
日常考核	0.030	0.010	0.043	2.884	0.004
软硬件设备	0.065	0.016	0.070	4.079	0.000
教育培训常态机制	0.029	0.013	0.038	2.333	0.020

$n = 3160$　$R^2 = 0.533$　$F = 449.656$

就文化氛围而言，高校组织育人文化氛围越浓厚，育人效果就越好。具体来讲，高校组织育人文化氛围每提升一个等级，就会使育人效果相应提升 0.103 个单位。

就活动内容而言，高校组织育人活动内容越丰富，育人效果就越好。具体来讲，高校组织育人活动内容的丰富程度每提升一个等级，就会使育人效果相应提升 0.198 个单位。

就活动形式而言，高校组织育人活动形式越多样，育人效果就越好。具体来讲，高校组织育人活动形式每提升一个等级，就会使育人效果相应提升

0. 328 个单位。

就活动质量而言，高校组织育人活动质量越高，育人效果就越好。具体来讲，高校组织育人活动质量每提升一个等级，就会使育人效果相应提升 0. 127 个单位。

就日常考核而言，高校组织育人日常考核越严格，育人效果就相应越好。具体来讲，高校组织育人日常考核的严苛程度每提升一个等级，就会使育人效果相应提升 0. 030 个单位。

就软硬件设备而言，高校组织育人软硬件设备越齐全，育人效果就越好。具体来讲，高校组织育人的软硬件设备的完备程度每提升一个等级，就会使育人效果相应提升 0. 065 个单位。

就教育培训常态机制而言，教育培训常态机制越完备，高校的组织育人效果就越好。具体来讲，高校组织育人教育培训常态机制完备程度每提升一个等级，就会使育人效果相应提升 0. 029 个单位。

3）网络育人及其效果。

分析网络育人效果的影响因素，将受访学生对其所在组织网络育人效果评价从"没有作用"到"作用重大"依次从 1 分到 5 分赋值，并将其与接受组织网络教育变量进行一般线性回归分析。按照 0.05 的检验标准，结果有统计学意义的变量有参与新媒体互动频次、网络开展思政教育频率、浏览思政教育网站时长、网络新媒体平台完备程度。结果如表 4-24 所示。

表 4-24　网络育人效果的影响因素一般线性回归

	非标准化系数		标准化系数	统计量	显著性水平
	B	标准误差	Beta	t	P
常数项	0.786	0.070		11. 150	0.000
参与新媒体互动频次	0.183	0.014	0.213	13. 243	0.000
网络开展思政教育频率	0.321	0.017	0.317	19. 435	0.000
浏览思政教育网站时长	0.103	0.021	0.069	4. 880	0.000
网络新媒体平台完备程度	0.221	0.014	0.243	15. 373	0.000

$n = 3160$　$R^2 = 0.376$　$F = 475.763$

就参与新媒体互动频次而言，高校学生参与网络新媒体互动频次越高，其通过网络受到的育人效果就越好。具体来讲，高校学生参与网络新媒体互动频次每提升一个等级，就会使网络育人效果相应提升 0.183 个单位。

就网络开展思政教育频率而言，高校通过网络开展思政教育频率越高，网络育人效果就越好。具体来讲，高校通过网络开展思政教育频率每提升一个等级，就会使网络育人效果相应提升 0.321 个单位。

就浏览思政教育网站时长而言，高校学生浏览思政教育网站时间越长，网络育人效果就越好。具体来讲，高校学生浏览思政教育网站时间每提升一个等级，就会使网络育人效果相应提升 0.103 个单位。

就网络新媒体平台完备程度而言，高校建立的网络新媒体平台越完备，网络育人效果就越好。具体来讲，高校网络新媒体平台的完备程度每提升一个等级，就会使网络育人效果相应提升 0.221 个单位。

（5）教育者与教育对象

1）教育者的个人魅力。

问卷请受访高校学生评价育人者的个人魅力对育人效果的影响。表 4-25 显示，绝大多数高校学生表示育人者的个人魅力对组织育人效果影响"一般"或"影响较大"或"影响非常大"，其中认为"影响较大"的所占比重最高，为44.25%，其次是"一般"，仅有约 6.70% 的受访学生表示育人者的个人魅力对育人效果"无影响"或"影响较小"。

表 4-25 育人者的个人魅力对育人效果的影响

	样本数（个）	所占比重（%）
无影响	86	2.67
影响较小	130	4.03
一般	812	25.16
影响较大	1428	44.25
影响非常大	771	23.89

2）教育对象的精神状态。

积极活泼的组织育人氛围可以提高育人者的积极主动性，更倾向融入融洽的育人环境。表4-26显示，受访学生中认为教育对象的精神状态对教育者有"很大影响"的所占比重最高，为40.87%，其次是"较大影响"。只有约2.42%的受访学生认为教育对象与教育者"几乎无影响"。

表4-26 教育对象的精神状态对教育者的影响

	样本数（个）	所占比重（%）
几乎无影响	78	2.42
影响较小	82	2.55
影响一般	531	16.46
较大影响	1207	37.34
很大影响	1319	40.87

3）教育对象对教育者的心理依赖和信任感。

问卷询问受访学生在遇到困惑或困难时倾向于选择的倾诉对象或求助对象。表4-27显示，高校学生在遇到困惑或困难时优先选择的倾诉对象是其"家人"，占比29.28%，其次是"同学"，占比22.43%，再次是"闺蜜/朋友"，占比19.59%，"自行解决"的占比为12.55%，仅有10.21%的学生会选择向"老师"或"党组织、团组织负责人"寻求帮助。

表4-27 高校学生的倾诉或求助对象（多选题）

	样本数（个）	所占比重（%）
家人	2200	29.28
闺蜜/朋友	1472	19.59
老乡	446	5.94
同学	1685	22.43
老师	514	6.84
党组织、团组织负责人	253	3.37
自行解决	943	12.55

（6）影响组织育人效果的相关因素

问卷请受访高校学生评价最受欢迎的组织育人方式。表4-28 显示，启发教育（进行互动交流）最受受访学生欢迎，占比 21.62%，其次是仪式教育（入党宣誓、升旗仪式），占比 16.15%，再次是情景式教育，占比 13.09%，选择多种教育形式同时进行的学生仅占 3.31%。

表4-28　最受高校学生欢迎的教育形式（多选题）

	样本数（个）	所占比重（%）
仪式教育（入党宣誓、升旗仪式）	1540	16.15
启发教育（进行互动交流）	2061	21.62
灌输教育（彻底的理论教育）	809	8.49
符号教育（党徽，以及组织文化氛围营造）	1082	11.35
嵌入式教育	540	5.66
情景式教育	1248	13.09
体验式教育	1122	11.77
示范式教育（先进人物事迹、优秀党员选树活动）	784	8.22
多种教育形式同时进行	316	3.31
其他	32	0.34

问卷请受访学生评价最需要改进的组织活动环节。表4-29 显示，高校学生认为需要在"活动内容"进行改进的占比最高，为 33.15%，其次是"传播手段"，占比 22.18%，再次是"活动形式"，占比 20.07%，相较于对参与者开展培训，受访学生认为提升组织者素质更为重要。

表4-29　高校学生评价最需要改进的组织活动环节（多选题）

	样本数（个）	所占比重（%）
组织者素质	1369	17.06
传播手段	1780	22.18
活动内容	2660	33.15
活动形式	1611	20.07
参与者的培训	605	7.54

问卷询问受访学生组织活动的育人者应该提升哪些个人素养。表4-30显示，高校学生认为组织者应提升"组织协调能力"的占比最高，为23.20%，其次是"语言表达能力"，占比21.44%，再次是"理论素养"，占比18.54%。同时，高校学生对组织活动组织者的"沟通交流能力"和"数字媒介素养"以及"活动内容艺术化展现能力"提出了更高的期待。

表4-30　活动组织者需要提升的个人素养（多选题）

	样本数（个）	所占比重（%）
理论素养	1403	18.54
组织协调能力	1755	23.20
语言表达能力	1622	21.44
沟通交流能力	1195	15.79
互联网、自媒体运用能力（数字媒介素养）	792	10.47
活动内容艺术化展现能力	719	9.50
其他	80	1.06

问卷询问受访高校学生组织活动在哪些方面需要提升。表4-31显示，认为活动内容在"新颖度"上提升的占比最高，为28.21%，其次是内容的"时效性"，再次是活动内容的"通俗性"。同时，受访学生也对组织育人内容的"理论性""艺术性""获得感"的提升有所期待。

表4-31　组织活动内容需要提升的方面（多选题）

	样本数（个）	所占比重（%）
理论性	1082	14.11
新颖度	2163	28.21
通俗性	1223	15.95
时效性	1313	17.13
艺术性	1038	13.54
获得感	742	9.68
其他	106	1.38

形式丰富多样的组织育人活动可以有效提升高校学生的参与积极性。表4-32显示，最受高校学生欢迎的活动形式是"视频"，占比23.48%，其次是"动画"，占比17.66%，再次是"直播"，占比12.52%。约11.22%的受访学生认为可以通过"讲座"形式提升活动效果。"微博互动"和"参观""访谈"也受到受访高校学生的欢迎。

表4-32　能够提升组织活动效果的活动形式（多选题）

	样本数（个）	所占比重（%）
视频	1873	23.48
动画	1409	17.66
直播	999	12.52
讲座	895	11.22
微博互动	795	9.97
访谈	534	6.69
参观	787	9.87
演讲	463	5.80
征文	128	1.60
其他	94	1.18

表4-33显示，受访学生认为在提升组织育人成效中，参与者最应加强的是活动中的"交流互动"，占比30.29%，其次需要"提高认识"，占比28.11%，认为组织活动参与者需要"端正动机"的占比23.13%。同时，约有16.20%的受访者认为参与者应该"提前对活动进行了解"。

表4-33　组织活动参与者需要提升的方面（多选题）

	样本数（个）	所占比重（%）
端正动机	1553	23.13
提高认识	1887	28.11
交流互动	2034	30.29
提前对活动进行了解	1088	16.20
其他	152	2.26

表 4-34 展示了高校学生对提高组织育人活力的建议，结果显示高校学生在组织育人"形式多样化"上的需求最为迫切，其次是"提高内容的针对性"，占比 22.52%，约有 17.15% 的受访学生建议加强"干部接受培训教育"，有 13.03% 的受访者认为应该在"制度化、常态化"上下功夫。

表 4-34 高校学生对提高组织育人活力的建议（多选题）

	样本数（个）	所占比重（%）
提高内容的针对性	1598	22.52
形式多样化	2304	32.46
干部接受培训教育	1217	17.15
制度化、常态化	925	13.03
提高育人科学化水平	908	12.79
其他	145	2.04

4.1.2 高校组织育人的优势

高校组织育人的最大成就是高校党组织建设的日臻完善，党员队伍的逐步壮大和中国共产党对高校全面领导的逐步深化和落实。随着党组织育人的载体和形式日趋多样，高校组织育人的优势具体表现为：

（1）党组织的全面领导

习近平总书记在全国高校思想政治工作会议上指出，办好我国高等教育，必须坚持党的领导，牢牢掌握党对高校工作的领导权，使高校成为坚持党的领导的坚强阵地。习近平总书记强调，高校党委对学校工作实行全面领导，承担管党治党、办学治校主体责任，把方向、管大局、作决策、保落实。要加强高校党的基层组织建设，创新体制机制，改进工作方式，提高党的基层组织做思想政治工作能力。要做好在高校教师和学生中发展党员工作，加强党员队伍教育管理，使每个师生党员都做到在党爱党、在党言党、在党为党。[①]

---

① 习近平：《把思想政治教育工作贯穿教育教学全过程 开创我国高等教育事业发展新局面》，《人民日报》2016 年 12 月 9 日，第 1 版。

在高校组织育人实践中，首先，党组织居于核心领导地位。党组织在高校立德树人工作中发挥着把方向、谋大局、定政策、促改革、保落实的基础性作用。我国高校是社会主义高校，根本任务是培养德智体美劳全面发展的社会主义合格建设者与可靠接班人，是确保中国特色社会主义事业后继有人、兴旺发达的人才保障和智力支撑。当前，我国经济体制深刻变革、社会结构深刻变动、利益格局深刻调整、思想观念多元变化，这些都影响着高校在校大学生的价值体系、思想观念、行为举止和生活习惯。如何理性看待社会的深层变革和价值冲突，正确对待远大目标和眼前困惑，客观辨明各种社会思潮的"前世今生"，这些都需要有科学的世界观与方法论做支撑，需要坚定的理想信念防止"被同化"。

其次，党组织育人有诸多优势。党组织在高校组织育人实践中以科学、先进的理论体系为支撑，以完整的育人体系为载体，进行理想信念的引领。科学的理论体系、先进的组织文化、建强的党务工作队伍、完善的体制机制、优秀的党员模范群体，既是优质的育人资源和育人载体，也是高校思想政治工作的重要教育内容和教育载体。党组织育人的有序推进和良性运转将有利于高校思想政治工作的进一步加强和提升，为培养德智体美劳全面发展的当代大学生提供坚强的政治保证、严谨的理论支撑和完善的组织保障。

最后，党组织在高校组织育人工作中发挥着组织保障作用。突出表现在高校党组织肩负着意识形态工作的责任主体，在思想政治工作中，肩负把关定向、协调各方的政治责任。党组织的统一核心领导，既有利于各类组织拧成一股绳，形成组织育人合力，也有利于党组织进行资源整合和配置，形成各类组织在育人工作中的协同效应，共同构筑高校思想政治工作。

（2）高校组织体系完备

完备的组织体系是开展组织育人实践活动架构保证。我国高校是党领导下的高校，是巩固马克思主义指导地位、发展社会主义意识形态的重要阵地，肩负着知识传授、人才培养、理论研究、科技创新、智库服务、文化传承、国际交流合作等重要使命任务，在培养又红又专、德才兼备、品学兼优、知识技能品德全面发展的中国特色社会主义合格建设者和可靠接班人，以及肩负民族复兴大任的时代新人方面承担着重大的历史使命。

高校组织体系完善首先体现在组织机构健全，包括党组织、群团组织、学工组织、教学科研组织、管理服务组织、学生社团组织等机构健全，覆盖面广上。其次体现为组织层级清晰，校级、院级、系级都设置了相应的组织机构，覆盖层级完整。最后体现为相互联系紧密，各类组织都统一在党组织的领导下，各类组织能够分工配合且互补，形成各司其职、相互配合、彼此关照的组织体系架构。

首先，组织机构健全。高校组织育人机构健全表现在育人组织的覆盖面广上。其一，表现为党组织机构健全。我国的高校是党领导下的高校，党组织肩负着高校立德树人工作的主体责任，是高校组织育人工作的核心主体，在育人实践中起组织保障作用，高校党委发挥总揽全局、协调各方的主体作用，党的组织覆盖了高校的教学、科研、管理、服务等方面。其二，表现为群团组织机构健全，高校工会、团学组织发挥桥梁和纽带作用，起着维护、教育、引领和凝聚教职工生的作用，组织的"覆盖面"细化到了宿舍、班级和教研室。其三，表现为教务教学、管理服务组织健全，这些组织是按照学校统一的安排部署，进行高校教学、科研、管理、服务等业务工作开展的组织，和师生日常的教与学、工作和生活息息相关。其四，表现为学生社团等机构健全，包括师生社团、班舍组织，发挥自我教育、自我管理、自我服务的功能，既是组织的"神经末梢"，又因其源于趣缘、乡缘、学缘的缘故而具有较好的育人"渗透性"，而且形式灵活，不拘一格，对人数和形式都没有严格的限制，能够覆盖到尽可能多的群体。概言之，健全的组织机构是组织育人体系完善的显著标志。

其次，组织层级清晰。层级管理是在组织体系的运转过程中，通过明确各层面的职权、责任和利益，使各层面的组织系统都能够各司其职、各负其责、各在其位，按照既定的组织运行系统程序完成组织建设目标。我国高校的行政层级通常分为校级、院级和系级三个层级，校级层面的党政组织主要负责意识形态工作的"顶层设计"和行政工作，围绕"顶层设计"进行制度安排、部署、考核；院级组织主要负责思想政治工作的布置协调，行政工作的展开、布置、监督、督促；系级及以下组织主要负责思想政治工作的具体贯彻执行，行政事务性工作的落地、落实和落细。各层级都有其对应的职能、职责，分别起到不同的作用，共同助力于高校的组织育人工作。

最后，相互联系紧密。高校组织育人机构健全还表现在育人组织的相互紧密联系上。高校各类组织都必须遵循党对高校的全面统一领导这一根本政治原则，统一在党组织的领导下，各类组织在高校统一的指导思想、角色属性、功能定位、办学方向和事业目标的前提下进行合理分工，形成架构合理、系统成熟、各司其职、相互配合、彼此关照的组织体系架构。

（3）资源有效整合和配置

资源的整合和配置既是组织的重要功能，也是高校组织育人的组织优势之一。高校组织资源的聚集主要有人员、财物等，拥有包括组织设置、制度制定、人员调整等在内的资源配置能力，高校组织育人资源有效整合调配的优势具体体现在：资源利用意识强、资源整合能力强、资源配置能力强。

首先，资源利用意识强。资源既是组织运行的基础，也是组织发挥育人功能的前提，高校组织拥有丰富的组织资源，包含人、财、物等具体实物，也拥有制度、岗位、体制、机制、队伍等设计调配权。高校的各类组织在组织运作过程中，善于利用资源的调配和设计，使组织的运行更加趋于组织目标的设计。

其次，资源整合能力强。资源整合能力强体现在各类组织在育人实践活动中为实现育人目标，积极挖掘各类组织的育人功能，发挥各类组织的育人作用，使各类组织在组织活动开展的过程中实现育人功能的发挥，将各类组织的育人资源在日常组织活动中充分利用起来，起到组织合力育人的效果，这表现为组织育人较强的资源整合能力。

最后，资源配置能力强。资源配置能力强体现在高校在开展育人实践活动中，通过分析研判各类组织的育人资源后，将有效的育人资源通过资源配置的形式整合在一起，发挥资源的最大功效，起到"集中力量办大事"的效果。例如：开学典礼和毕业典礼等大型活动，必须同时调配党组织、团组织、工会、后勤、保卫、教务等组织，发挥组织、实践、服务、管理、教书、网络、资助、心理等多种育人形式，才能达到较好的组织育人效果，组织育人在协同整合过程中表现出组织较强的资源配置能力。

4.1.3 高校组织育人的现实考察

通过调研问卷分析我们发现，相比组织育人完整的组织体系、完善的组织制度、系统科学的理论体系，高校组织育人工作有待进一步改进的地方主要有以下几个方面：党组织作用发挥较好，但责任传导"层层递减"；主体意识不均衡，提质增效空间不小；多数育人主体勇于开展创新和实践活动，但是广度和深度还略显不足；组织育人的形式比较单一，各类组织形成协同效应的局面尚未形成。

（1）充分发挥高校党组织核心主体作用

我国的高校是党领导下的高校，实行的是党委领导下的校长负责制。《中国共产党普通高等学校基层组织工作条例》明确了普通高等学校党基层组织的地位、作用和指导思想，具体规定了高校党组织的领导体系、组织设置、工作职责、党员培养教育发展和思想政治工作，涉及高校育人、教学、科研、服务、管理、文化、交流等方面，为高校党组织育人工作提供了完整的组织体系架构和集体的工作实践遵循。但是，通过调研分析发现，相比完整的党组织育人体系架构，高校党组织育人的作用还需要进一步发挥，图4-1显示，对高校党组织在思想政治工作中发挥的作用一项中，选择"作用很大"的有875人，占比27.11%，选择"作用较大"的有1182人，占比36.63%，选择"作用一般"的有904人，占比28.02%。选择"作用很大"和"作用一般"的比重相当，多数受访学生

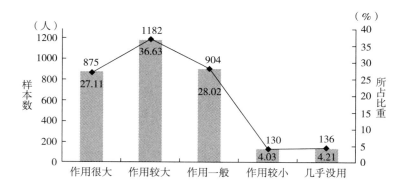

图4-1　高校党组织在思想政治工作中发挥的作用

选择了"作用较大",说明高校党组织育人工作对受访同学产生积极影响,同时也说明高校党组织育人作用还有待于进一步提高。

（2）组织生活制度与制度设计相匹配

高校各类组织的育人主体意识和育人工作能力是不均衡的,这主要是完善的组织育人体系和制度覆盖与育人功能执行不到位之间的矛盾。党组织育人主体作用发挥较好和其他组织育人作用有待进一步发挥作用之间的矛盾,这就需要组织育人队伍素质和能力要与职位要求相吻合。

1）完善的组织育人体系和制度覆盖与育人功能执行不到位之间的矛盾。

高校各类组织覆盖体系完整严密,可以覆盖到高校教学、管理、服务的方方面面,只要是学生在的地方,都有组织的存在,可以说,高校的各类组织发挥着育人的重要作用。党组织的体系完整,制度健全,在开展日常思想政治工作时必须依循一系列的规章制度进行。《党章》《关于新形势下党内政治生活的若干准则》《中国共产党党内监督条例》《中国共产党普通高等学校基层组织工作条例》以及《关于加强普通高等学校基层党组织建设的意见》分别从党的机构设置、政治生活、党内监督、工作职责进行具体的制度设计,涉及党的政治建设、组织建设、思想建设、作风建设和制度建设的各个方面,为高校党组织育人工作的开展提供了健全的组织制度设计和完善的组织制度安排。但是,通过调研分析发现,与完善的组织生活制度相比,学生对党组织生活制度的了解以及制度的执行效果方面还需要进一步加强和提高。

图4-2显示,受访学生群体中对党组织生活制度"非常了解"的占比为10.34%,"了解"的占比为31.38%,"了解一点"的占比为42.59%,这说明受访学生对党组织生活制度的了解还有待于进一步提高。

图4-3显示受访学生群体参加党组织生活并对开展活动的效果评价,认为"按期保质"开展的有1396人,占比43.26%,认为"按期开展"的有1614人,占比50.02%。从调研问卷统计分析结果得出,半数受访学生认为党的组织生活制度能按期开展,但是只有43.26%的受访学生认为党的组织生活制度能够"按期保质"开展,说明党的组织生活制度执行和组织生活质量有待于进一步提高。

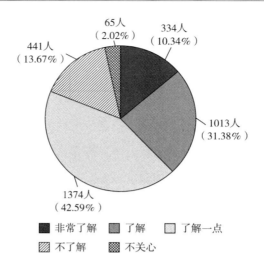

图 4-2　学生对党的组织生活制度了解情况

注：图中括号上方数字为样本数，括号内为该样本数所占比重。

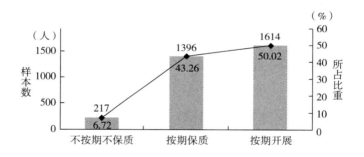

图 4-3　开展党的组织生活制度执行情况和效果

2）党组织育人主体作用发挥较好与其他组织育人作用发挥一般之间的矛盾。

高校党的各级组织在育人工作中发挥着主体作用。习近平总书记在全国宣传思想工作会议上指出，意识形态工作是党的一项极端重要的工作。首先，党组织在高校思想政治工作中肩负着意识形态工作的主体责任，发挥着意识形态工作的主体作用。责任意味着担当、作用呼唤起自觉，高校党组织不但要负责领导高校思想政治工作，还要利用自身优势开展育人实践活动。和其他育人方式相比，党组织育人具有鲜明的政治立场、鲜活的育人资源、理论联系实际的优良作风，这些都为高校思想政治工作有效、高效运转提供可靠的主体保障。其次，党组织育人起着举旗定向的主体作用。党组织以其鲜明的政治立场、明确的政治方向，使其在育人实践中肩负着把方向、谋大局、定政策、保落实的主体作用，思想政治工作事关高校的整体发展方向和发展动力，党组织不但在高校育人实践中发挥着意识形态责任主体作用，而且在自身育人实践中也体现着举旗定向、思远谋定的主体作用。最后，党组织在育人实践中肩负着总揽全局、把关定向、协调各方的育人工作主体责任作用，中共中央、国务院印发的《关于加强和改进新形势下高校思想政治工作的意见》中指出：坚持全员全过程全方位育人。把思想价值引领贯穿教育教学全过程和各环节，形成教书育人、科研育人、实践育人、管理育人、服务育人、文化育人、组织育人长效机制。使各种育人形式发挥各自优势开展思想政治教育引领工作，党组织育人既要突出意识形态的主体地位，发挥党的政治引领的优势，同时也要善于协调各方，发挥其他育人形式的优势，利用多种育人方式的特点和优势开展有针对性、时效性的育人工作，增强育人工作的实效性。

其他各类组织育人主体意识不均衡。在高校育人主体中，育人主体意识较强的当属党组织、团组织以及学生工作组织。因为这些组织的属性和任务将育人工作作为工作的职责和任务，和师生日常"打交道"也较多，且承担了较多的日常显性思想政治教育活动，系统、全面、理论深刻地开展高校育人工作。但是，随着时代的发展，民主意识的觉醒，特别是信息社会的发达，社会进入了自媒体时代，人人都能打开世界的窗口、人人都有麦克风，在这样的外部环境下，高校的组织育人工作要想"独善其身""闭门造车"，是达不到预期效果的，是不能有效完成高校组织育人任务的。在高校思想政治教育实践过程中，其他各类组织如统战组织、教务教学机构、管理服务组织、校史展览机构等的日常业务，同样发挥着重要育人功能。但是，目前该类组织普遍存在着育人主体意识不强的现状，认为高校育人工作就是党团组织的事情，就是辅导员和班主任的日常工作，将业务工作和思想政治工作相分离，这是当下育人主体意识不突出、不均衡的突出表现。这种认识和认知，是当前高校组织育人需要矫正的。

（3）活动内容与形式和制度安排相一致

在高校组织育人实践中，特别是党的高校思想政治工作会议召开之后，高校各类组织能够积极行动起来，按照学校立德树人的总体目标开展和组织与功能、业务工作相适应的活动，勇于开展创新和实践活动。目前，育人活动的广度和深度还需要进一步拓展，主要体现在：系统科学的理论体系和简单阐释方式之间的矛盾、育人有效覆盖度不够、辐射影响力不足等方面，需要进一步丰富活动内容与形式，使活动效果与制度安排相一致。

1）系统科学的理论体系和简单阐释方式之间的矛盾。

中国共产党是马克思主义执政党。中国共产党以马克思列宁主义、毛泽东思想、邓小平理论、"三个代表"重要思想、科学发展观、习近平新时代中国特色社会主义思想作为行动指南，党的系统科学理论体系是高校党组织育人的思想宝库。通过调研问卷统计，图4-4显示，选择"偶尔组织"和"很少组织"其他教育形式思想政治活动的有1710人，占比达到了53%，"经常组织"其他教育形式思想政治活动的有1034人，占比为32.04%。统计分析发现高校党组织在开展理论教育时，对党的基本理论知识教育和最新理论成果解读通常只是进行说理教育和PPT展示教育，并没有考虑到教育对象的理论知识水平和接受程度，在缺乏互动、浸入和启发的教育方式下，教育效果与育人目标容易形成较大偏差。

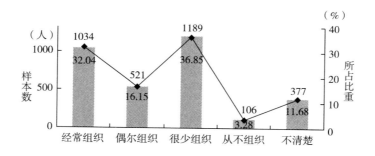

图4-4 其他教育形式的频次

系统科学的理论体系和简单阐释方式之间的矛盾体现在：缺乏问题意识、缺乏创新意识、缺乏时代遵循意识、缺乏内容遵循意识、缺乏方法遵循意识。

高校组织育人活动应该放在中国特色社会主义已经进入新时代这样的时代背景下考虑设计。高校组织育人面临的是新时代的大学生，思维的开放性、意识的独立性、消费的超前性、观念的多元性都是这些青年一代的标签。在这样的时代背景下，如何更好地构造他们价值观的形成，树立正确的价值观念，需要我们适应时代发展需要。但现状是高校组织育人的广度和深度不够，体现在：活动没有进行有效协调与控制；组织育人的主体单一，没有形成育人合力；教育方式仍以单项灌输为主，缺乏引导和服务；工作方式方法较呆板，没有融入学生日常生活。

2）育人有效覆盖度不够。

在构建"大思政"工作格局的育人时代背景下，如何在育人过程中营造全员、全方位、全过程的育人体系既是实现"大思政"工作格局的关键，也是高校组织育人工作的重要意义所在。组织育人的优势就是发挥组织建设的优势，进行更系统、更全面的思想政治教育，营造更浓郁、更立体、更有效的育人氛围。但是，当前一段时间以来，高校组织育人工作还普遍存在工作覆盖不足的问题，主要体现在：先受教育的教育者覆盖不足；教育对象覆盖不足；育人有效时间"覆盖"不足；教育内容的全面性覆盖不足；教育"阵地"覆盖不足。

3）辐射影响力不足。

马克思主义的思想政治教育是中国共产党的真正优势。一直以来，我国思想政治教育从学科发展到具体实践都得到了长足发展，思想政治教育的学理日渐"高大上"，具体体现在理论体系日臻完备、学科发展更加深化细化。思想政治教育的具体实践也不断丰富发展，具体体现在话语体系的转换"升级"，传播手段的"与时俱进"，育人载体的"更新换代"。但是，思想政治教育以需求方面为侧重点进行主动"灌输"难免陷入"自说自话"的现实桎梏。近段时期以来，特别是网络自媒体等新兴媒体日益"兴盛"以来，思想政治教育的"自说自话"遭遇到教育实践有供给无需求的"尴尬"的时代回应，导致思想政治教育实效性下降。特别是在高校组织育人的视域下，主要以主动"灌输"为主，较少从供给侧角度考量教育对象的心理现状和心理适应程度，"业务"工作和育人工作"两张皮"的情况有待于改变。

（4）组织育人队伍素质和能力与职位要求相吻合

协同效应有待于形成主要表现在开放的信息传播方式和较单一的育人形式之间的矛盾。随着信息通信技术的日臻成熟，当今信息社会已经步入智能化时代，"互联网+"已经渗透到日常生活的多个方面，"两微一端"使人们信息交流更加方便，直播互动、新闻推送、视频通话等先进开放的信息传播方式使人们足不出户就能知晓全世界，相比传统的信息传播方式，人们更愿意接受这种便捷、实时、互动的信息传播方式。通过调研发现，图4-5显示，高校组织利用网络开展育人活动选项中，选择"经常"开展的有684人，占比21.19%；选择"一般"的有1524人，占比最高，达到了47.22%。另有380位受访学生表示"很少"或"从不"通过网络的形式参加过党组织的育人活动，占比11.78%。统计分析发现党组织育人的方式、传播的手段还存在单一化、简单化、呆板化的情况，单一的育人形式和信息传播方式在当今信息传播方式多元化、内容丰富化、传播主体多样化的时代背景下是没有比较优势的，在传播和育人效果上也会大打折扣。因此，党的科学理论体系的阐释方式需要在内容、形式和渠道上进行深化创新。

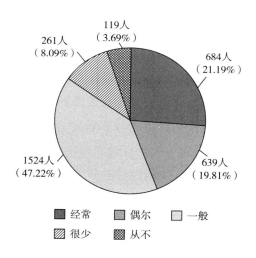

图4-5　高校组织通过网络开展育人活动的频次

同时，通过将高校组织育人的形式和育人效果进行交叉分析发现：采用非常多样的育人形式，育人作用就非常明显；采用多样的育人形式，育人效果就比较明显；采用形式一般的育人方式，教育效果也就一般。据此，通过分析发现组织育人形式的多寡和育人效果呈正向相关关系（见图4-6）。

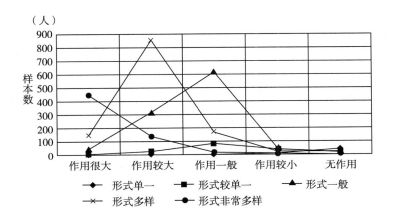

图4-6　高校组织育人形式与育人效果之间的交叉分析

　　组织育人的有效方式就是把组织建设和思想引领相结合，组织育人的最大优势就是发挥组织体系动员、营造、辐射、带动、涵育的作用，发挥组织在育人资源的整合、配置功能，实现全员、全过程、全方位育人的目标。但目前，高校组织育人工作尚未形成合力协同效应，存在各自为营的情况，具体体现在：组织育人各要素之间的有效协调与控制有待形成，各类组织形成育人合力的局面有待形成，各种育人形式协调统一参与育人活动的局面有待形成。

4.2　高校组织育人面临的机遇

　　在新的历史时期，高校组织育人工作面临着诸多机遇，主要体现在：全面从严治党成为新常态、高校立德树人根本任务导向的确立，以及高校各类组织开展育人工作的生动探索三个方面：

4.2.1　全面从严治党成为新常态

党的十八大报告中明确提出，全党要增强紧迫感和责任感，牢牢把握加强党的执政能力建设、先进性和纯洁性建设这条主线，坚持解放思想、改革创新，坚持党要管党、从严治党，全面加强党的思想建设、组织建设、作风建设、反腐倡廉建设、制度建设、增强自我净化、自我完善、自我革新、自我提高能力，建设学习型、服务型、创新型的马克思主义执政党，确保党始终成为中国特色社会主义事业的坚强领导核心。① 这一表述高度凝练了从严治党的方向和路线图，党的十八大以来，党中央从坚持和完善中国特色社会主义的全局考虑，提出"四个全面"战略布局，全面实现小康社会、全面深化改革、全面依法治国都必须以党的领导作为实现目标的根本保证，必须毫不动摇地坚持党的领导。全面从严治党已然成为党的建设的新常态，也为推动中国特色社会主义事业向前发展提供根本动力和组织保障。在新形势下加强党的建设必须遵循：坚持和加强党的全面领导，坚持党要管党、全面从严治党，以加强党的长期执政能力建设、先进性和纯洁性建设为主线，以党的政治建设为统领，以坚定理想信念宗旨为根基，以调动全党积极性、主动性、创造性为着力点，全面推进党的政治建设、思想建设、组织建设、作风建设、纪律建设，把制度建设贯穿其中。② 党的二十大报告中提出：坚定不移全面从严治党，深入推进新时代党的建设新的伟大工程。

全面从严治党的根本在于坚持和加强党的全面领导，关键在于党的自身建设，持续推进政治、思想、作风、纪律和组织建设。同时，不断改进和完善党的制度建设，并将制度建设融入党的各项建设之中。高校肩负着培养中国特色社会主义建设者和接班人的重要历史使命，高校党的建设至关重要。习近平总书记关于高校党的建设发表过许多重要讲话，在高校党的建设的基本定位上，将其定位

———————

①　胡锦涛：《坚定不移沿着中国特色社会主义道路前进　为全面建成小康社会而奋斗》，《人民日报》2012 年 11 月 8 日，第 1 版。

②　习近平：《决胜全面建成小康社会　夺取新时代中国特色社会主义伟大胜利——在中国共产党第十九次全国代表大会上的报告》，北京：人民出版社 2017 年版，第 46 页。

为培育德智体美劳全面发展的社会主义建设者和接班人。高校党的建设的有效方法包括：强化思想引领，做好意识形态工作；坚持党委领导下的校长负责制，着力完善领导体制；注重加强基层党组织建设；加大在青年教师中发展党员的力度，优化党员队伍结构；深入开展创先争优活动，并使其常态化等。概言之，党的建设的重大意义在于为办好中国特色社会主义大学提供根本方向和组织保障。

2019 年 7 月 1 日，习近平总书记在南开大学视察时强调，高校党组织要把抓好学校党建工作和思想政治工作作为办学治校的基本功。① 高校肩负着培养中国特色社会主义事业建设者和接班人的重要历史使命，在全面从严治党视域下，必须把加强高校党的建设工作与加强思想政治工作放到同等重要的位置抓紧抓好。因为高校既是思想活跃青年的聚集地，也是知识、思想、思潮的集散地。在党的建设新常态下，高校持续全面推进落实党委领导下的校长负责制，并将党对高校的全面领导写入大学章程，夯实了党管宣传、党管高校意识形态工作。同时，高校党的基层组织也肩负着思想政治工作的主体责任。第二十六次全国高校党的建设工作会议指明了党的建设和思想政治工作的重要关系：高校育人，党建是魂。必须扎实推进高校党的建设和思想政治工作，为培养德智体美劳全面发展的社会主义建设者和接班人提供坚强保证。只有把高校党的各级组织建设得更加强劲有力，才能肩负起巩固高校党组织的政治基础、组织基础、思想基础和育人基础的重任，肩负起立德树人的历史责任。这是坚持党对教育事业的全面领导的必然要求，也是坚持社会主义办学方向，带动各类基层组织建设，进而形成育人合力的根本组织保障。② 可以说，在全面加强党的建设的时代背景下，为高校组织育人工作提供了前所未有的时代机遇和不可替代的组织保障。

4.2.2 立德树人的思想导向确立

能否办好大学，方向问题是第一位的。③ 党的十八大首次提出"把立德树人

---

① 习近平：《稳扎稳打勇于担当敢于创新善作善成 推动京津冀协同发展取得新的更大进展》，《中国教育报》2019 年 1 月 19 日，第 1 版。

② 新华社：《第二十六次全国高校党的建设工作会议在京召开》，《思想政治工作研究》2019 年第 2 期。

③ 陈宝生：《高校必须坚持正确政治方向》，《求是》2017 年第 2 期。

作为教育的根本任务"，党的十九大中强调教育要"落实立德树人根本任务"。习近平总书记在全国高校思想政治工作会议上强调，高校思想政治工作关系高校培养什么样的人、如何培养人以及为谁培养人这个根本问题。要坚持把立德树人作为中心环节，把思想政治工作贯穿教育教学全过程，实现全程育人、全方位育人，努力开创我国高等教育事业发展新局面。① 立德树人思想导向的确立，回归了高校思想政治工作的根本目的和路径，是对高校组织育人价值和功能的德育回应。

第一，立德树人的本质要求及其内在规约性科学准确地理解了"立德树人"的本质和内涵，是高校育人工作的基础。《左传·襄公二十四年》有言："太上有立德，其次有立功，其次有立言，虽久不废，此之谓不朽。""立德"作为我国传统文化中的"三不朽"之首，意指应当把树立良好的德行当作人生追求的最高境界。"树人"出自《管子·权修》："一年之计，莫如树谷；十年之计，莫如树木；终身之计，莫如树人"。由此可见，树人工作需要长远的规划，并且加之持之以恒地施以教育工作，才能收到成效。只有具备良好道德品质的人才是对社会和国家有用的人才。"立德树人"作为我国高校办学治校的根本指导方针，体现了党和国家对教育本质的把握，对教育规律的正确认识，对树人重要作用的科学判断，表明了党和国家对教育事业的重视和对教育本质孜孜不倦的追寻与探究。

第二，立德树人思想明确了各级组织都应肩负育人职责。高校的各级组织具有较清晰的层级关系，党组织、团组织和行政组织等以管理的层级不同划分为校级、院级、系级，每个层级都有相应的职责和作用，但共性是各级组织都是依循上下层级开展工作的，工作部署遵循的是自上而下的安排，工作汇报依循的是自下而上的程序。特别是基层组织，往往出现"上面多根线，下面一根针"的现象，很多事务性的工作占据了思想政治工作者日常大部分的工作时间，很难再有精力和时间去开展学生的思想工作，但无论是一线的教育者还是学生直接面对和接触的老师，他们的工作状态和育人职责表现情况都直接影响着思想政治教育的

① 习近平：《把思想政治教育工作贯穿教育教学全过程 开创我国高等教育事业发展新局面》，《人民日报》2016 年 12 月 9 日，第 1 版。

效果。立德树人思想导向的确立使德育工作的本质得以彰显，"三全"育人的工作理念也把握了德育工作的规律和学生思想成长的轨迹。

第三，立德树人思想明确了各类组织都应肩负育人职责。高校组织类别众多，一段时期以来，高校思想政治工作总是有一种声音，即育人工作是"党口"辅导员、班主任的事情，特别是在一些看似和思想政治工作没有直接联系，但却经常和学生直接接触并且能够潜移默化地影响学生的群体。例如：后勤、保卫、楼管、行政等部门，这些部门和组织如果没有意识到自身所肩负的育人职责与使命，仅靠思政课教师课堂上讲的几次课、辅导员谈的几次话、党团组织开的几次会是不够的。大学生大多数的课余时间是在校园内、课堂外、图书馆、食堂、运动场、展览馆等公共场所度过的。如果这类组织群体的育人意识缺失，正面"灌输"的时间又"供应"不上，育人的效果就很难保证。立德树人思想导向的确立，明确了高校的根本办学思想和定位，明确了高校各类组织、各类人群都具有育人功能和作用，只有充分发掘全员育人的潜力，使整个校园的各类组织都肩负起育人职责，才能发挥立德树人的最大作用。

4.2.3　高校组织育人的积极探索

组织育人作为专属育人形式出现在《意见》中，体现了党和政府对高校发挥组织育人功能和作用的重视，组织作为一种育人载体，不是特指哪一类群体，而是指依照一定目的和宗旨，按照一定的方式方法建构起来的群体。我们将高校组织育人的育人主体分成六类，即党组织、群众性团体组织、学生工作组织、教学科研组织、管理服务组织和学生社团组织，而各类组织按照层级和职责还可细化出若干种类的组织，这些组织都是具有显著育人功能，并且可以发挥明显育人效果的组织。其实，在组织育人这一专属名词出现之前，高校的各级各类组织已经开始积极的育人实践探索了。

第一，党组织。我国高校是党领导下的高校，办的是社会主义大学，在高校组织育人实践中，党组织发挥着重要的组织保障作用。党组织发挥育人作用可以分为三个层面，首先是宏观层面，高校党组织发挥着总揽全局、协调各处的重要宏观把控作用，发挥着领导核心作用，从顶层制度设计、机制体系建构、组织系统调整、人员配备等方面进行育人设计；其次是中观层面，院系级别党组织发挥着政治核心作用，需要处理上下级和平级之间的日常事务，既要贯彻落实上级党组织安排的具体工作，又要安排处理本单位的党建工作和思想政治教育工作；最后是微观层面，教工党支部和学生党支部发挥着基层党组织的战斗堡垒作用，承担着培养积极分子、发展党员、教育党员、管理党员的重要职责。

第二，团学组织。团学组织是育人活动的传统平台，因其和学生日常接触最多，学生课余有组织的活动都是由团学各级各类组织开展的，可以说团组织、学生会、学生社团、青年志愿者协会等这些组织群体覆盖了大多数学生的课余生活。因为团学组织育人的传统、开展活动多数由老师指导学生具体实施、各种评优评先事关学生"切身利益"等原因，使得团学组织在育人实践活动中始终发挥着重要作用。

第三，其他各类组织。除了党组织、团组织，还有后勤、行政管理、志愿服务等组织在相当长一段时间内依托自身的育人优势发挥着重要育人作用。这些组织在育人实践中积累出好的做法、产生的积极影响和涌现出的优秀代表，是高校组织育人的财富，在"三全"育人视域下，高校各类组织都应当肩负起育人的使命，深入挖掘自身的育人潜力，体现自身育人功能，将每一类组织都打造成为能够开展思想政治教育工作的载体和平台。在这种"角色"转变过程中，之前有过成功经验的各类组织积累的育人"财富"，可以以资借鉴，缩短"角色"转变的时间与周期，更好地完成从业务工作向"育人工作"的转变。

4.3　高校组织育人的时代思考

查尔斯·狄更斯在《双城记》中提到：这是一个最好的时代，也是最坏的时代。社会的改革、科技的进步，给社会成员带来的是物质的充盈和获取手段的便捷，无论是信息的获取还是物质的获得，效率都大大提高。与此同时，高校组织育人同样面临着复杂的时代境遇。高校各类组织育人的主体意识是不尽相同的，高校组织育人的体制机制并未形成协同一致，高校组织育人的思路和方法还有待于与时俱进。这些都对高校组织育人工作提出了新挑战。

4.3.1 主体意识不均衡影响育人效果

在高校组织育人实践中，各类各级组织在育人主体意识上是不均衡的，是存在着差距的，具体表现为：党组织的育人主体意识较强，但是随着层级的下延，存在责任压力"层层递减"的现状。各类组织的育人主体意识不均衡，传统的育人主体组织，如党组织、群团组织以及学生工作组织等主体意识较强，因为其组织的属性和任务将育人工作作为工作的职责和任务，和师生日常"打交道"也较多，且承担了较多的日常显性的思想政治教育活动，系统、全面、理论、深刻地开展高校育人工作。但是，一些组织，如管理服务组织等，它们的业务工作理应承担育人功能，在工作实践育人的主体意识尚不完善，或者说是不知如何将业务工作和育人工作有机结合，出现无所适从的局面。究其原因，既和高校的管理体制机制相关，也与我国经济社会的时代背景有直接联系。社会存在决定着社会意识，有什么样的社会存在，就会产生什么样的社会意识，我国社会既处于经济的高速增长期，也面临着经济社会的改革"阵痛"期，这些经济社会发展带来的利益分配的差异化，直接冲击着高校师生的价值观体系，直接影响着高校组织育人的效果。在高校组织育人实践中，各类育人主体的主体意识不均衡制约着高校组织育人"合力"功能的发挥。

4.3.2 学生差异化发展影响育人效果

个体思想意识的差异化发展既是当今社会思潮众多的原因，也是当今社会多元发展在思想领域显性出的最大表征。其一，在这种时代背景下，大学生群体的思想意识发展具有差异化，大学生的年龄尚在青少年，心智和价值观念尚未定型，由于家庭教育、社会环境、接触人群、个体差异的不同，其价值观呈现出不同的现实表现，在这种个体意识形态差异化发展的现状下，一个群体中往往有多种思想意识形态，组织在进行价值观引导的时候，如何找到各种思想意识形态都认同的观念体系进行引导显得至关重要。高校组织面对大学生个体多种思想意识进行价值观引领时必然体现效果的弱化。其二，高校也受到外部环境的影响，随着网络技术的发展，特别是自媒体的兴起，使得大学生获取信息的渠道日趋多元，这也导致高校在进行组织育人活动时政治性弱化。

高校组织育人是通过发挥高校各类组织的育人功能和作用达到育人效果的，由于高校各类组织和各级组织在层级和类别上的差异，使得高校组织在育人工作中形成有效的协同机制，进而形成组织育人合力至关重要。第二十六次全国高校党的建设工作会议提出，高校育人，党建是魂。以党的政治建设为统领全面推进高校党的建设各项工作，加强政治引领和价值引领。只有把高校党的各级组织建设得更加强劲有力，才能肩负起巩固高校党组织的政治基础、组织基础、思想基础和育人基础的重任，肩负起立德树人的历史责任，这是坚持党对教育事业的全面领导的必然要求，也是坚持社会主义办学方向，带动各类基层组织建设，进而形成育人合力的根本组织保障。① 这为高校组织育人体制机制构建提供了基本的方法论指导，就是要在党组织的全面领导下，以政治建设加强组织建设，进而带动各类组织建设，使各类组织能够在党组织的统一领导下发挥组织育人的功能，形成育人合力。

4.3.3 育人方式要与时代发展相适应

高校组织由于其稳定性和惯常性，组织人员相对固定、制度体制相对成熟，组织活动具有高度的计划性、体系化和程式化，这些组织特性内在规定了高校组织在开展育人活动时是有计划、有组织的。组织的诸要素都是在稳定地发挥着育人的功能和作用，成熟的育人组织有一整套"规定动作"，育人的方式、形式、策划、运行、反馈等流程都是有章可循的，这也使得高校组织在育人实践中通过重复的活动不断积累好的做法，改进不足之处，使育人的效能更高、效果更好。但正如硬币的另一面，程式化的育人活动保证了育人活动的效率，但在当前信息社会多元化的时空境遇下，教育对象的信息获取、学习渠道、心理状态、价值观念都呈现多元化的趋势。相比之下，显得固定的、程式化的育人方式和方法的灵

---

① 新华社：《第二十六次全国高校党的建设工作会议在京召开》，《思想政治工作研究》2019 年第 2 期。

敏度和灵活性不足，可能会造成育人的效果和效能降低。

第一，信息社会的全球化使得人们获取信息的渠道更多，单位时间获取的信息量更大，因此带来的学习方式的改变，以及多种信息包含的价值观念冲击会对信息社会背景下开展思想政治教育工作产生影响。信息化带来的是学习观念的转变，信息科技的进步，以及人们获取信息的便利。当人类社会进入到知识消费时代之后，网络社会成为人类存续、交往、发展的另一维度的空间场域。学习已经成为人们不断发展自我、完善自我、提升自我的终身需求，学习的观念在转变，学习的方式方法也在多元化，学习能力在提高，创新学习的诉求也在增加。具体表现为：

首先，学习的观念在转变，终身学习已经成为社会普遍氛围。科技的进步不但给生活的方方面面带来了便捷，同时也带来了技术壁垒。海量知识获取的便捷使得人们学会甄别，日新月异的实践生活倒逼着人们须臾不能忘却终身学习的基本学习观念，只有与时俱进、不断学习才能够适应并跟上时代发展的步伐和人类文明进步的节奏。学习的观念已然从简单的谋生方式转变成为跟上时代发展步伐，提高自身生活质量的手段。

其次，学习方式方法的多元化。信息革命带来的不仅是信息传播的爆发式传播，还是受众获取信息渠道和能力的增强，这些因素直接导致大学生学习方式方法的多元化。大学生不再满足于"你说我听、你讲我看"的单向式"灌输"，"有问题问度娘""没事刷抖音""发个微博晒个照"等，这些在大学生群体中流行的习惯俚语体现了他们感知世界、学习知识的方式方法正在发生不可逆转的多元化，单向式的授课和理论灌输比起互动式、声情并茂的网络视频信息的"狂轰滥炸"，育人优势所剩无几，社会学习方式的多元化影响使得高校组织育人的作用效果大打折扣。对于一个学生感兴趣或疑惑的问题，如果从老师那里不能得到满意的解答，他们自然而然便会选择便捷的网络渠道或者其他非正式的渠道，所以信息社会的教育者不是简单地说服受教育者，而是教育者解疑释惑的能力在和网络的比较中如何胜出的问题。这场"比较"的评判者是受教育者，因此学习方式方法的多元化，带来的是教育引导难度的成倍增加。

再次，学习技能的提升。主要体现在知识消费时代大学生信息的途径和方式方法都有大幅提高，善于利用新媒体进行自我学习、自我教育和自我成长提高，单位时间学习的效率也大幅提升。移动互联网的普及应用使得大学生可以随时随地获取知识和信息，突破了以往空间和时间的限制，依托互联网提高学习能力和效率直接导致他们对互联网产生依赖，进而产生思维惯性，使得大学生在未来学习工具的选择上还是依循"惯例"，同样使得传统意义上的育人优势大幅降低。

最后，创新学习诉求增加。学习方式的改变和学习能力的提高自然带来学习思维的改变，进而带来的是创新学习的诉求在不断增加。大学生在学习过程中不再盲目崇拜权威，不再拘泥于书本和现有的资料，而是勇于突破固有思维、寻求创新思路的发展、不断尝试新的方式方法、敢于提出不同的见解和看法，相比传统被动接受知识的模式，在信息社会中，教育对象更多的是善于自我肯定、自我教育、勇于用自己的观点和知识体系评判客观事物，对周围的新鲜事物抱有强烈的好奇心和探索欲。

第二，组织育人形式的相对固定面临着信息社会多元化发展的全面冲击。具体体现在：固定的育人形式与快餐式的大学生信息接收方式之间的矛盾。一是组织育人形式相对固定，大学生群体在信息社会中的学习意识、学习机会、学习能力和学习诉求较之以前都有较大进步，也呈现出较多的自主性。这种自主性、开放性的学习习惯给大学生带来的是看待问题的多元角度和思想方式的辩证化。二是组织育人的方式简单重复。组织育人实践中的育人形式较为单一，这对于初次参与其中的大学生会受到最大的育人效果，但是如果育人的方式和内容没有及时更新和改变的话，育人的效果会随着次数的增加而减弱。譬如我们去一个没有去过的景点，第一次去会感觉到处都很新鲜，第二次去感觉就没有那么强烈，如果去了许多次以后，基本没有什么新意可言了。此外，组织之间的协同效应也有待形成，主要表现在开放的信息传播方式和较单一的育人形式之间的矛盾。随着信息革命的不断进步，现代通信技术越来越发达，开始步入信息智能时代，"互联网+"已经渗透到日常生活的多个方面，"两微一端"使人们信息交流更加方便。直播互动、新闻推送、视频通话、短视频即时分享等先进开放的信息传播方式，使人们足不出户就能知晓全世界，相比传统的信息传播方式，人们更愿意接受这种便捷、实时、互动的信息传播方式。与之形成鲜明对比的是，高校组织育人的方式和传播的手段还存在单一化、简单化、呆板化的情况，多数组织都是依托自身在现实中的育人资源开展育人活动，没有及时针对教育对象的特点，结合科技发展的水平，运用科技的手段，将组织育人中的传统育人资源和信息技术有机结合。这种育人形式，在当今信息传播方式多元化、内容丰富化、传播主体多样化的时代背景下是没有比较优势的，在传播和育人效果上也会大打折扣。

5　高校组织育人的运行机制

本章通过梳理高校组织育人的效能生成、效果提升，试图解开高校组织在开展育人活动中的"生发"过程。通过剖析高校组织育人的运行过程，把握高校组织在开展育人活动中的运行动力、运行要素和运行保障因素。通过以上因素和逻辑的梳理，客观了解高校组织育人的运行机制和主导与协同机制等，为提高高校组织育人实效性提供运行机制参考。

5.1　高校组织育人效能的生成

组织效能是指组织实现目标的程度。高校组织育人效能是高校组织产生育人效果的程度，高校组织育人效能的生成表明高校组织已经开始产生思想价值引领的作用，高校组织育人效能的生成遵循以下逻辑：

5.1.1　行为规范意识在群体规范中孕育萌芽

规范，是指组织运转或个体行为举止所必须依循的规则和标准。没有规范的统一就没有良好秩序的形成，没有规矩也就不成方圆，规范的存在对于正常社会秩序的维护、标准的划一、规则的统一都起着至关重要的作用。良好的规范能够形成良好的秩序和行为举止；反之，规范和标准的缺失往往会使组织和个体无所适从，进而影响组织运转的效能和社会发展的质量。

组织由许多个个体共同组成，个体是指在生活实际中拥有自我意识、调节自我利益、产生自我行为的自然人。组织群体则是由不同的自然人围绕共同的目标和任务共同协作组成的有机系统。在组织实践活动中，个体与组织、个体之间的关系协调、利益调试、行为举止等秩序的形成都需要行为规范和组织规范在其中发挥调整作用。

群体规范是群体组织内部每个个体都必须依循的思想观念、评价方式和行为标准。群体规范具有维持和巩固群体的作用、具有行为导向和矫正的作用、具有树立评价标准的作用、具备群体动力的作用。个人行为规范意识的孕育萌芽是高校组织育人效能发生的前提，每个组织为了维护正常的组织活动，均会制定、约定相关的组织规范。就高校组织而言：党组织的党章、团组织的团章、"三会一课"、"三会两制一课"、组织生活制度、民主生活制度、谈心谈话制度、党性分析和民主评议党员制度、领导干部双重组织生活制度、党日制度、团日活动、团员教育评议、团籍年度注册、团费收缴等制度，还有其他组织的规章、公约等，这些制度、规定、规章和公约是维系组织正常活动的必要条件，调节组织成员之间、组织和个人之间的行为。组织规范只有通过规范个人行为，使个人产生行为规范意识，才能使个人的行为规范和组织规范达到所要求的程度。遵循不断对照、修正、调整，再对照、再修正、再调整的规范形成过程，使个人的行为无限趋同于组织规范的要求。个人行为规范意识的萌发依赖于组织规范的氛围营造，个人行为规范和组织规范是相互促进的。

第一，个人行为规范意识受制于组织规范。个人行为规范意识不会"凭空"萌发，个人行为规范意识必须在组织群体的规范中孕育产生。个人行为规范是指规范自我言行举止的行为，个人判断自我行为举止是否恰当必须要有"参考系"，这个"参考系"就是组织规范。组织个体在组织活动中的价值判断完全依赖于组织规范的要求，组织个体将组织规范作为自我行为价值评判的标准和依据。

第二，组织规范反映群体行为的发展态势。组织规范是组织运行的条件和前提，带有强制性，个人的行为是受制于组织规范的，只有个人行为在组织规范的

"框架"内行动，组织运行才能有效、高效运行。同时，组织规范的制定是以组织群体中大部分个体的行为标准为依据的，具有一般性的特征表现，反映了组织群体整体规范性发展的态势。

第三，行为规范和组织规范相互促进。行为规范意识产生之前，组织规范会约束个人行为，个人在组织运行过程中，感受到的是约束和拘谨。当行为规范意识产生其中时，组织个体已经对组织规范比较熟悉，能够有效按照组织规范的要求参与到组织运行的过程中来，达到组织规范和个人行为相符的地步。当行为规范意识产生之后，组织个体已经了解组织规范，自觉遵守组织规范，将个人行为规范和组织规范相趋同。同时，个人行为规范的自觉遵守使得组织规范会依据个人行为规范的执行情况实施调整，以更高的标准制定组织规范。组织规范一般情况下是要引领个人组织行为的，只有以更高的标准制定组织规范，个人行为规范才会有进一步的提升。

5.1.2 个人精神气质在组织文化中滋生涵育

个人精神气质在组织文化中蕴含滋生是高校组织育人效能生成的第二个阶段。个人的精神气质是组织个体由自身道德品质、价值体系、思想境界所决定的。因为组织个体的家庭背景、教育程度、文化背景等不同，使得组织个体的个人精神气质各不相同。但组织个体在适应组织规范时，个人的价值观念会受制于组织文化所创设的环境。高校组织育人文化主要包含物质文化、精神文化以及制度文化。

第一，组织育人物质文化是组织育人文化的重要载体，具有涵化功能。高校各类各级各种组织的物质环境既是高校组织环境发挥育人功能的重要载体和平台，也是高校组织文化的物质标识载体，还是高校组织育人文化载体的"硬件"，同时也是高校师生在学校感受到的最直观的物质文化。学校教育目的的实现，很大程度上取决于学校创设的教育环境，教育环境的品质极大地影响到学校培养的人的品质。[①]，组织场域文化、组织标识文化和组织流程文化是组织育人

---

① 韩延明：《强化大学文化育人功能》，《教育研究》2009 年第 4 期。

物质文化表现的重要体现。

组织场域文化。高校组织育人场域，从整个校园到一个组织的物质场域，都是组织场域的范畴。组织场域文化反映了历史积淀和时代气息积累而成的文化对育人的熏陶和浸润作用。例如：高校在规划设计之初以及日常修缮过程中，应当对高校的布局和重点建筑进行"顶层设计"，使高校的整体物质环境体现大学品位、学校特色和人文精神，表现出既传承高校的历史文化又呼应现实主题的校园观景，使高校的物质环境成为提升高校师生文化素质和人文精神的重要载体。幽静的校园、古老的建筑、别致的教学楼、宏伟的图书馆和独具特色的运动场馆、特色鲜明的党员活动室、宣教室、团员活动室。这些形态各异的校园环境无不倾注着一代代高校组织者、设计者、建设者的心血与汗水，正是他们的点滴努力和付出，美化了校园环境，使校园作为一个整体，给一届届师生呈现出稳定、深厚、宏阔的"校史展"，是高校持之以恒的育人文化载体和平台，为学生全面发展提供良好、整体、深厚的物质文化氛围。著名教育学家苏霍姆林斯基曾把校园环境比喻成"使学校的墙壁也说话"。这种形象的比喻对我们的启示是，一定要高度重视校园育人文化建设，从整体规划、建筑布局、景观设计、人文融汇、形式统一、色彩一致，实现高校各个硬件环境和人文环境元素的有机融合，使高校的独特风格和气韵成为涵养高校师生价值观念、行为习惯、道德品行的重要物质载体和人文依托。

组织标识文化。标识是代表一个或一类组织的符号，是组织的标志，具有识别其他事物、表现自我特征的作用。通常我们经常见到的党旗党徽、团旗团徽、校歌、校训，以及蕴含组织育人的标志性人物、事件、器物，都是组织标识文化的体现。同时，在日常组织育人活动开展过程中，也会针对某一类活动主动设计组织标识，例如，大学生课外学术作品大赛、大学生暑期"三下乡"志愿者服务活动等。这些固定标识具有很高的辨识度，能使教育对象看到标识后很快切入教育内容和活动的实质，有效缩短对组织活动的认知时间，提高组织育人的有效性。

组织流程文化。流程既是组织活动固定开展的程式，也是组织教育活动开展的方式和方法，例如，感动中国的流程由主持人导言、视频展播、获奖人上台发言、访谈和评委会颁奖词等环节流程组成。一个成熟的活动流程能让教育活动达到循序渐进、沁入心田的"滴灌"效应，这种成熟的组织流程固化成组织流程文化后，能使活动流程本身具有传播效应和可期待性。在系列活动开展之始，教育者就能根据之前参加或了解到的活动流程对即将参加的活动产生期待，这种先入为主的"可期性"能提高育人效果，既是组织文化的组成部分，也是高校组织育人的重要运行要素之一。

第二，组织育人精神文化是组织育人文化的重要标志，具有精神文化的涵养功能。营造和优化高校组织育人精神文化可以凸显精神文化在高校组织文化中的涵养作用。精神是人文精神和科学精神的统一，既是一所大学历史风貌、办学积淀的集中体现，也是激励高校师生员工不断开拓进取、发展成长的动力源泉。人文精神和科学精神是高校组织育人精神文化的重要组成部分，是在组织育人实践活动中积累、凝练、浓缩出的代表育人活动精神的文化表达，其精神内核和在组织活动中传递出的文化特征，发挥着精神文化的滋养和渗透功能。在组织育人活动实践中，以人、事件为中心积累浓缩出来的代表组织文化精神的标志可以有效提升组织育人的辨识度和有效性。例如：组织队伍中党员创先争优的精神，学术组织中的敢为人先、至诚报国的科研精神；学习、宣传习近平新时代中国特色社会主义思想，培育和弘扬社会主义核心价值观是高校党日和团日活动的重要内容，党支部可以通过深入挖掘和弘扬中华民族优秀传统文化，将优秀传统文化定期择其精华和学院实际工作相结合，形成"深学、身教、传承、弘扬"的优秀传统文化；团支部通过积极践行社会主义核心价值观，每周把社会主义核心价值观的一个关键词作为学习、讨论和践行的主题，并落实到实际学习和工作实践中去，形成团支部委员带头学、支部成员相互比照学的比学赶超的良性学习氛围，形成"勤学、深思、躬行、模范"的组织活动精神文化；这些在价值引领活动中凝练出的独特精神文化是组织育人文化的重要组成部分，不仅有利于组织育人有效性的提升，还有利于培育有理想抱负、有政治远见、有广博知识、有责任担当的高素质人才。

第三，组织育人的制度文化是组织育人的重要特征，充分发挥制度文化的导向作用是组织育人的关键一环。制度既是大学精神与办学理念的外在表现，也是组织的重要组成元素，制度和文化是相辅相成的。文化蕴含在管理之中，制度是管理的外化，发挥着导向性、全局性、长期性的作用。组织育人实践活动中，对个体的文化道德要求也必然蕴含在相关的制度规范之中，体现出大学精神和组织文化特征的道德规范必然要通过组织规章制度才能得以呈现。同时，组织制度和组织规范既是组织得以合理、高效、规范运转的基本保障，也是组织发挥育人功能的外化。良好的组织育人制度有助于优秀的制度文化的形成，优秀的制度文化能助推组织育人制度的开展和优化，使制度从强制性约束转变成组织内部成员"默认"的行为规范。

组织文化是个人精神气质养成的重要条件和基础，要充分发挥组织文化对个体精神面貌的引导滋养作用，形成"以人为本"的理念，注重人文关怀，建立有效的激励与约束机制，发挥组织文化对个体精神气质的生发作用。因此，既要严格履行相关规范和管理制约，也要发挥文化的涵育滋养、久久为功、润物无声的持久功效，将组织的硬性规范和制约转化为组织个体内在的精神品质、道德素养和行为习惯。为此，高校各类组织要把立德树人的道德规范要求融入组织文化之中，形成自己独特的组织育人文化，在组织文化中全方位渗透主流的道德要求，使组织个体的精神面貌在组织文化中得到滋养，道德品质得到提升，精神气质得到孕育生长。

5.1.3 个体品行发展在榜样教育中对标催生

个体品行的发展在优秀群体中对标催生的是高校组织育人效能生成的第三个阶段。尊敬和崇尚榜样是中华民族的优良传统，选择和树立榜样是组织教育的重要方式，学习榜样是大学生展示积极向上优良风貌的心理渴求。榜样既是高校思想政治教育和价值导向的标志性符号，也是高校组织育人功效的重要催化剂。榜样的意义和作用不是"独善其身"，而是要以榜样为示范和引领，发挥模范带头和示范引领的作用，使青年学生在组织群体中学有所得、学有所获进而学有所样、行有所范，榜样教育对组织个体品行发展的引领催生具有重要作用。

榜样者，民族之魂。习近平总书记指出，伟大时代呼唤伟大精神，崇高事业需要榜样引领。① 榜样文化是一定的群体或组织，在长期的社会实践活动中，将英雄模范、先进典型所蕴含的真、善、美的品质，作为一种社会价值目标而进行发掘、培育、宣传、弘扬所形成的一种文化样态②

（1）选树榜样的方式有益于组织个体树立榜样意识

首先，榜样的选树具有多元化与个性化，一是高校组织育人榜样的选树不但有社会榜样人物可以直接拿来进行宣传。"女神警"任长霞、"工人专家"许振超、"邮路天使"王顺友、"模范教师"孟二冬等，他们在各自的工作岗位上作出了不平凡的贡献，成为时代的骄子，人民的楷模。他们将自己的个人情怀与社会发展、民族振兴融合起来，同向同行努力奋斗。献身祖国、奉献社会的榜样人物，也成为新的历史时期的榜样形象。"为国家种下一片绿洲"的杨善洲，"将军回乡农民"的甘祖昌和龚全珍，"我没有敌人、也没有朋友，只有国家利益"的黄大年教授等先进典型人物，成为新的历史条件下的理想人格形象，这些在国际和社会层面的榜样典型在传播方法、设计技法上都很成熟，可以借鉴运用到组织育人的实践中来，形成良好的传播和教育效果。二是高校各类组织在开展活动时会涌现出相应的优秀分子，既有学高为师、德高为范的教学名师，也有爱岗敬业、蜡烛精神的管理人员，还有视岗为家、以爱心换真心的后勤服务人士，这些发生在各类组织身边的人和事，往往对组织个体有生动的教育实践意义。

其次，选树榜样的方式为自上而下与自下而上相结合，既有组织推选、公众举荐，还有媒体推荐和他人引荐。多样的选树方式既能使组织和个人感受到参与感，也能感受到榜样就发生在身边的亲近感。这种参与感和亲近感让组织和个人在榜样选树过程中积极参与，认真感受，加深了对榜样形象的认知和理解，有助于加强组织个体在榜样教育过程中的对标看齐意识。

最后，榜样的宣传教育体现了新媒体与现实榜样的耦合。新媒介宣传能让组织、个人在第一时间、第一视角、全方位的接触榜样、了解榜样、学习榜样、认知榜样，通过生动、全面、细致的榜样描述和勾勒，组织个体能够在情感认知的前提下产生对榜样形象的趋同。

---

① 习近平：《习近平谈治国理政》，北京：外文出版社 2014 年版，第 159 页。
② 庞申伟：《榜样文化及其当代建设研究》，长沙：湖南大学出版社 2017 年版，第 165 页。

（2）榜样教育的方式有益于组织个体品行的发展

孟子从人性假设出发论述"人皆可以成尧舜"，体现了人作为能动的个体具有自我超越和行为自觉的特征属性。榜样实践活动是针对先进典型、英雄事迹、道德模范精神梳理、树立、模仿和学习的过程，具体包括形象建构、观念认知、情况感知到实践落实等阶段。运用榜样教育作为案例式和启发式的育人方式，是以情促学的良好载体，是将鲜活榜样力量运用到育人实践活动的良好教学范式，以及将组织实践活动中涌现出的榜样人物所体现的家国情怀、精神品质、信仰信念融入组织育人的全过程。

首先，榜样物态环境的设置有利于组织个体对榜样形象的认知。学有所范、行有所样。榜样环境的营造，最显著的特点就是在生活空间中的榜样人文设施的创设，使组织个体在组织环境中能够感受到浓厚的崇尚榜样、学习榜样、捍卫榜样的组织风气和人文氛围。例如，人物雕像、碑匾标识、锦旗标识、著作造册等物质载体可以陶冶组织个体的德性与操守，这些实物环境通过科学的外形形象设计、精细的人物外形打造，烘托榜样人物的庄重、严肃和神圣，让组织成员对榜样自然而然地产生崇敬之情，并且通过视觉、听觉和触觉等感官体验促进对榜样的认知。概言之，就是用物质形态的塑造来营造主流意识形态价值氛围，用榜样的力量彰显组织育人的话语权。

其次，协同性与整体性的榜样教育有利于理性榜样精神的塑造。榜样教育是将榜样的精神传递给组织成员的持续过程，体现出榜样教育过程的持久性、动态性，良好的榜样教育效果会影响教育对象终生，具有时间上的持久性和空间上的穿透性，是组织成员提升自身道德素养和精神境界的重要渠道。

学校层面的榜样教育是把榜样教育融入高校整体组织进行整体布局，一是将榜样作为重要的教学素材和教育内容融入组织环境、组织文化之中，运用榜样教育作为案例式和启发式的育人方式，是以情促学的良好载体，也是将鲜活榜样力量运用到育人实践活动的良好教学范式，将组织实践活动中涌现出的榜样人物所体现的家国情怀、精神品质、信仰信念融入组织育人的全过程。二是发现、挖掘、培养、选树优秀的人物、事迹作为教育的素材，在组织实践过程中凸显出的先进人物和事迹都可以作为选树榜样的素材，以此在组织内部形成学习榜样、崇尚榜样的氛围。三是在榜样的塑造形式上要善于贴合时代发展的潮流，与信息科学技术的发展高度结合，运用动漫、音频、视频、影视、歌曲的方式和载体，以青年学生感兴趣的形式吸引人、以优秀的榜样作品鼓舞人、用高尚的榜样精神塑造人。

5.1.4 个人价值观念在组织实践中印证养成

个体价值观的形成早期需要学习，中期需要实践印证，后期需要在实践的基础之上，对实践效果进行印证比对，使教育目的和育人效果相趋同，使组织个体的价值观在组织实践活动中得到印证，形成学习、实践、调整、再学习、再实践、再调整的逻辑循环，使育人实践效果和教育目的无限趋同，这样个人的价值观念也在此实践过程中不断被滋养生成。高校组织的组织性、活动性，加之高校校园的生活化和现代科技发展带来的网络化，使得高校组织个体的价值观念、政治观念、思想品格在组织实践中得到锻炼、印证和养成。

第一，实践的组织化是个人价值观念养成的基础。高校的组织类型丰富，大学生参与到各类组织中，能够发挥组织在思想引领、情感交流、文化交融方面的调节功能。当前，我国高校意识形态阵地"暗流涌动"，高校是意识形态争夺的"前沿阵地"，必须要用健康积极的优秀文化浸润大学校园，用科学正确的价值观念巩固青年学生的价值观念体系。高校是以意识形态为主导的场所和社会文化思潮的风向标，必须旗帜鲜明地开展思想价值引领工作。高校各类组织在开展育人实践活动中，首先发挥的就是组织特性，将党对高校意识形态的要求，立德树人的根本任务，以及大学生的专业情况、兴趣爱好、职业规划等需求，主动设计、积极谋划成学生喜闻乐见的育人元素，融入高校形式多样的各级各类各种组织实践活动中去。让每个学生、每类学生都成为组织不可或缺的有机组成部分，进行有组织、有计划、有目的的教育实践活动，促使组织中的每个成员都能够获得自我的存在感、归属感和参加活动之后的获得感，这是个人价值观念在组织实践中养成的基础。

第二，实践的活动化是个人价值观念印证养成的载体。习近平指出，要广泛开展文明校园创建，开展形式多样、健康向上、格调高雅的校园文化活动，广泛开展各类社会实践。高校在各级各类各种组织开展形式多样的主题教育活动，运用组织活动开展育人活动，将组织育人实践融入具体化的活动，使大学生在参与活动的同时能够感受到组织文化的熏陶、组织制度纪律的约束、组织环境的感染。并且，鲜明化的主题活动可以使大学生在参与活动的同时对活动主题产生认知，了解活动内容，被活动所传递的价值观念所感染。这样通过组织活动使大学生动起来，让"课内与课外、校内与校外"相结合、相融通，打破课内外、校内外活动交流壁垒，通过项目互动的有序开展使大学生群体能够在活动过程中增强实践能力、动手能力，提升实际操作能力和感受实际社会现实的能力。通过实践的活动化，使个人价值观得到印证和养成，实现自我革新。

第三，实践的生活化是个人价值观念印证养成的源泉。教育家陶行知先生提出"生活即教育"理论，他认为："生活教育是生活所原有，生活所自营，生活所必需的教育。教育的根本意义是生活之变化，生活无时不变，即生活无时不含有教育的意义。"高校组织育人的实践活动是将大学校园生活作为育人的生动载体，使大学生活成为组织育人工作的源头活水。陶行知先生在"生活即教育"的理论构建中，强调的是辩证统一、互为补充两方面的内容：一是过什么样的生活，便是受什么样的教育；二是要想受什么教育，便需过什么生活。陶行知认为："过好的生活，便是受好的教育；过坏的生活，便是受坏的教育；过有目的的生活，便是受有目的的教育；过糊里糊涂的生活，便是受糊里糊涂的教育。"这就说明生活化的教育活动能够对育人效果产生深刻影响。

高校组织的特点是集规范性和灵活性为一体。高校各类组织利用大学校园丰富多彩的校园生活作为开展组织育人的源头活水。生活化的组织活动使教育活动充满趣味性、生动性和互动性，不但能够提高大学生参与活动的积极性，而且能够发挥大学生的主动性、创造性、自制力与自律意识。因此，生活化的实践活动是个人价值观念印证养成的源头活水。

第四，实践的网络化是个人价值观念印证养成的平台。习近平总书记在全国高校思想政治工作会议上强调，要运用新媒体新技术使工作活起来，推动思想政治工作的传统优势同信息技术高度融合，增强时代感和吸引力。在信息科学技术的迅猛发展下，云计算、物联网、移动互联、自媒体等信息技术得到了长足的发展，教育的发展已经突破了传统意义上的物理壁垒，依托互联网和移动通信，可以为人们提供无尽的技术支持和服务。在高校组织育人实践活动中，时代背景的变化也带来了高校育人内容、教育方式方法、教育载体、组织环境的变化，物理环境作为知识传授的壁垒，界限已经越来越模糊和淡化。与此同时，学习资源的共享、远程的学习辅导、各种有倾向性的信息推送在方便大学生学习的同时也增加了组织育人的不确定性，使得大学生群体的思想观念越来越趋于多元化，增加了组织育人实践活动的不确定性。如何在有限的校园环境和无限的网络资源中寻求出一道育人实践的网络化途径，是高校组织育人在网络时代背景下无法回避的话题。打造晴朗的网络生态是必由之路，通过在组织建设中创新育人的技术手段、采用大学生爱看、爱听、爱参与的形式和内容开展思想政治教育实践活动。

高校各级各类组织应当强化在网络信息科技时代进行思想政治教育工作的适应性，善于掌握新技术、运用新手段、开放新思维、打开新眼界，不断将理论深刻、观点正确、层次清晰、内涵丰盈、充满正能量的育人素材融嵌到高校组织育人的网络阵地中去，善于运用教育对象喜闻乐见的新媒体语言、互动交流形式。同时，发挥教育对象的积极性、主动性和创造性，发挥教育对象在网络组织环境中的自我管理、自我教育、自我成长的能力，在指导老师的带领下，积极建构清朗的网络组织环境。网络组织环境的不断完善和建设也促使教育对象在实践中得到锻炼和价值观的印证、修正与提高，扩延高校组织育人的平台和空间，提升高校组织育人的质量。

5.2 高校组织育人过程的运行

组织育人是一项系统性、体系化的育人形式，从纵向和横向上看是一个有机的组织系统。纵向上看，体现在高校校级、院级、系级三级联动的组织格局；横向上看，体现在以党组织为主导的各类组织在育人工作上的协同。通过组织主导和协同，发挥组织活动、组织文化、组织环境和组织制度的育人功能。

高校组织育人过程的运行是指在高校组织育人的活动中，影响育人活动各个因素之间的结构、功能的相互关系，以及这些育人因素如何相互结合、互补、产生作用、发挥功能的过程和运行方式。研究高校组织育人过程的运行是实现高校组织育人有效性的基础，是高校组织育人实效性的前提。剖析高校组织育人过程的运行有助于进一步厘清高校组织育人的要素组成、运行动力，组织内部的协同、协调和优化等环节之间的关系，提高对高校组织育人运行规律的把握，提升对高校组织育人有效性的理性认识。本书基于对高校组织育人过程运行的理解，构建了高校组织育人过程运行机制（见图5-1）。

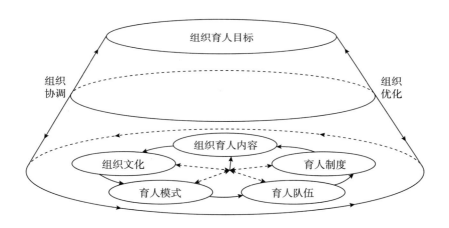

图 5-1 高校组织育人过程运行机制

高校组织育人过程可以从物理力学角度来分析，运行过程由组织育人的目标、组织育人要素运行平台、运行动力、组织协调和组织优化有机构成。育人目标是高校组织育人的终极目的。基础要素运行平台由育人组织文化、育人内容、育人制度、育人模式、育人队伍组成，是高校组织育人运行基础的基本要素。党组织在育人实践中的主导驱动力、各类组织基于职务的职权驱动力以及教育对象渴望全面发展的内需力共同作用于组织育人要素运行平台。在这三股力量的共同作用下，组织育人运行效能呈现螺旋上升的状态，逐步实现各阶段的组织绩效，并最终实现组织目标。在组织运行效率呈现螺旋上升过程中，又有组织协调和组织优化两组要素提供纵向作用力。组织协调负责组织间、组织内部的人、物、信息等资源的调整，形成协同效应，组织优化负责组织内部的调整、重组以适应时代、环境和内外部条件的变化，使组织运行更高效地向组织育人目标趋同。

5.2.1　党组织的引领力

习近平总书记在党的十九大报告中强调，实现伟大梦想，必须建设伟大工程。不断增强党的政治领导力、思想引领力、群众组织力、社会号召力，确保我们党永葆旺盛生命力和强大战斗力。① 在高校组织育人实践中，党组织在育人工作中起主导作用，在具体实践中发挥着组织引领力的作用。

高校党组织是中国共产党的基层组织，高校党组织的使命是实现高校立德树人根本任务，这不单是中国共产党对中国特色社会主义高校根本任务的战略要求，也是高校服务中国特色社会主义、服务改革开放、服务中国共产党治国理政而进行的战略定位。高校党的各级组织在育人实践中通过组织建设和组织活动，不断增强党组织的组织吸引力和思想引领力，把高校基层党组织锻造成为肩负立德树人根本任务的坚强战斗壁垒，肩负高校组织育人的组织保障作用。因此，在高校组织育人实践中，党组织的引领力是组织育人的重要运行动力之一。同时，高校各级党组织发挥组织育人的根本内驱力是中国共产党的使命使然，《纲要》中对各类组织发挥育人功能也分类进行了顶层设计。

思想政治教育是中国共产党的真正优势。我国的高校是党领导下的高校，实行的是党委领导下的校长负责制。党组织在开展培养、发展、管理、教育党员，开展组织生活会、民主生活会等一系列组织活动等日常思想政治工作时必须依循一系列的规章制度。《党章》《中国共产党普通高等学校基层组织工作条例》《关于新形势下党内政治生活的若干准则》《关于加强普通高等学校基层党组织建设的意见》《普通高等学校学生党建工作标准》《关于加强新形势下高校教师党支部建设的意见》《关于进一步加强高校学生党员发展和教育管理服务工作的若干意见》分别从党的机构设置、政治生活、党内监督、工作职责、党员培养发展教

---

① 习近平：《决胜全面建成小康社会夺取新时代中国特色社会主义伟大胜利——在中国共产党第十九次全国代表大会上的报告》，北京：人民出版社 2017 年版，第 18 页。

育管理服务等方面进行具体的制度设计，涉及党的政治建设、组织建设、思想建设、作风建设和制度建设的各个方面，为高校党组织开展组织活动和育人工作提供健全的组织制度设计和完善的组织制度安排。这不仅明确了普通高等学校党的基层组织的地位、作用和指导思想，还具体规定了高校党组织的领导体系、组织设置、工作职责、党员培养教育发展和思想政治工作，进一步明确了学校党委、学院（系）党委（党总支）、党支部的工作职能，不断强化学校党委在组织育人中的意识形态责任核心主体地位、学院（系）党委（党总支）的政治核心作用、党支部的战斗堡垒作用。以提升党组织的组织力为育人工作的重点，突出政治功能，不断将党组织育人发挥的作用和组织具备的功能相衔接，为高校党组织育人工作提供了完整的组织体系架构和工作实践遵循。党组织在高校思想政治工作中起着举旗定向、把握全局、协调各方的决定性作用，党组织的政治优势、组织优势、思想优势可以转换为高校立德树人工作的育人优势，转化为对组织育人的引领力。

第一，高校党组织在育人实践中具有核心作用。党的领导是高校思想政治工作的根本保证。在各种育人方式中，党组织育人处于核心地位，党组织育人是基于其自身的属性、功能和特点开展育人实践活动的。首先，党组织的基本功能是政治功能，要把党的思想、主张、决定、优良传统作风贯彻落实到育人实践中去，发挥政治核心的作用。其次，党组织的优势在于其强大的组织动员能力，完备的机构设置、完善的制度设计、完整的人员队伍和科学的理论体系。这些资源确保了党组织在育人实践中，在组织青年、宣传青年、凝聚青年、服务青年、团结青年过程中具有强大的组织力、号召力和引领力，发挥着组织核心作用。最后，党的先进性在于其思想的先进，中国共产党是马克思主义执政党，马克思主义是立党立国的根本指导思想，马克思主义为我们提供了科学的世界观和方法论。同时，在马克思主义中国化、时代化、大众化过程中，产生了习近平新时代中国特色社会主义思想，习近平新时代中国特色社会主义思想是与马克思主义一脉相承又与时俱进的理论产物和最新理论成果。党的基本理论知识和最新理论成果不仅是党组织育人的指导思想，同时也是高校思想政治工作的指导思想。因此，党组织育人在育人实践中发挥着核心思想作用。

第二，高校党组织在育人活动中具有主体作用。在高校育人实践中，党组织育人具有主体作用。其一，党组织育人在高校意识形态工作中肩负着主体作用，习近平总书记指出，意识形态工作是党的一项极端重要的工作。党组织在高校思想政治工作中肩负着意识形态工作的主体责任，发挥着意识形态工作的主体作用。责任意味着担当，作用呼唤起自觉，高校党组织不但负责领导高校思想政治工作，还利用自身的组织优势开展育人实践活动。和其他育人形式相比，党组织育人具有鲜明的政治立场、鲜活的育人资源、理论联系实际的优良作风，这些都为高校思想政治工作有效、实效、高效运转提供了可靠的主体保障。其二，党组织育人起着举旗定向的主体作用。党组织以其鲜明的政治立场、明确的政治方向，使其在育人实践中着肩负着把方向、谋大局、定政策、保落实的主体作用，思想政治工作事关高校的整体发展方向和动力，党组织不但在高校育人实践中发挥着意识形态责任主体作用，而且在自身育人实践中也体现着举旗定向、思远谋定的主体作用。其三，党组织育人担当着总揽全局、协调各方的主体作用，《意见》中指出，坚持全员全过程全方位育人。形成教书、科研、实践、管理、服务、文化、组织育人的长效机制。党组织育人在育人实践中，肩负着育人工作的主体责任，发挥着总揽全局、协调各方的主体作用，使各种育人形式发掘各自育人元素、发挥各自育人功能开展思想政治教育引领工作。党组织育人既要突出意识形态的主体地位，发挥党的政治引领的优势，也要善于协调各方，发挥其他育人形式的优势，利用多种育人形式的特点和优势开展有针对性、时效性的育人工作，形成协同优势，以求育人工作的实效性。

5.2.2　职能组织规约力

各类组织的规约力发挥着育人的桥梁与纽带作用，各类组织将育人内容融入日常的组织职能执行过程之中。职权是指组织者在其职务范围内依据岗位职责所拥有的资源整合和配置的权力。高校的各级各类育人组织因为类别、性质、层级不同进行有相应的分工，被赋予相应的职务及权力，由此而来的职权是组织育人运行的驱动力之一。

群众性团体组织、学生工作组织、教学科研组织、管理服务组织、学生社团组织依托各自组织的组织愿景、任务目标、队伍培养、阵地建设、岗位特点等进行相关规章制度的制定，目的是保障组织目标的实现和日常组织活动的正常运转。新时代，高校的中心工作和根本任务是立德树人工作，高校一切工作都理应围绕立德树人工作开展。高校的各类组织都应该将立德树人工作作为组织的宗旨和目的，围绕中心工作在组织制度的设计、章程的制定、措施的保障、平台的营造、体制机制的调整和优化、活动的途径和方式方法、资源的整合和配置上，理应围绕立德树人工作进行组织"本土化"设计，使各类组织在日常组织运转过程中有利于育人功能的发挥，起到立德树人的作用。同时，职能组织的制度规章的规约力可以保障组织育人功能的发挥和组织运转的稳定性，对组织内部人、财、物等育人资源和组织活动、业务开展进行有针对性的设计。这种依托制度设计产生的组织规约力是高校组织育人运行动力的重要组成部分，也是依托组织开展育人实践活动的重要手段和方式。

5.2.3　教育对象内需力

教育对象的内需力体现为教育对象有全面发展的价值需求，思想政治教育工作就是要激发教育对象的主体性、主动性，发挥教育对象主动和配合的作用。"思想"一旦离开"利益"，就一定会使自己出丑。[①]"利益"反映的是教育对象全面发展的需求，"思想"存在的现实必要，是要"能动"地解决教育对象全面发展的需求，起到理论指导实践的作用。在高校组织育人实践中，教育对象全面发展的需求对组织育人工作提出了时代要求，是组织育人工作的需求驱动力。

每一代青年都有各自际遇，每一代大学生也都有各自的思想特质和行为特点。时代的进步和科技的发展，使每一代学生形成独有的特征、心理诉求、接受途径和接受方式。各类组织的教育者必须根据学生的实际需求，依循教育对象心理接受特点，依据思想政治教育的规律，调整组织运转体制机制，挖掘组织内部育人元素，转化组织育人话语体系，做到因事而化、因时而进、因势而新，沿用好办法、改进老办法、探索新办法，不断提高组织育人工作能力和水平。同时，

---

① 《马克思恩格斯文集》（第 1 卷），北京：人民出版社 2009 年版，第 286 页。

还要根据时代的特点、社会的背景、高校的育人现状、组织育人优势等实际情况，将各类组织的组织模式、管理体制、保障机制进行有针对性的调整，将高校组织育人实效性和长效性的目标追求与学生全面发展的现实诉求有机结合起来，以此更加符合思想政治工作规律、教书育人规律、学生成长规律，更加符合受教育者全面发展的需求。这种依据学生全面发展的需求，进行因材施教、"靶向施策"的育人方式，能够切实提高教育对象的获得感，提高育人的针对性、有效性和育人效率。同时，将普遍性大众化的教育与差别化个性化的教育结合起来，也能及时回应和满足学生心理成长和价值观养成的诉求。这种受教育者全面发展的需求是高校组织育人的重要驱动力之一，也是高校组织育人工作动员力、吸引力、感染力和引领力的源泉力量。

5.2.4 运行过程的保障

为组织育人的良好运行提供保障作用的体制机制是高校组织育人过程的运行保障，组织育人的运行不但需要育人组织文化、育人内容、组织制度、组织模式、组织环境、育人队伍、组织纪律等这些基本运行要素各自发挥作用形成通力配合和互补，还需要党组织的主导驱动力、行政组织的职权驱动力、教育对象全面发展的内需力的共同切线作用力。然而，如何确保组织运行的效能是螺旋上升的状态，并最终实现组织目标，而不是停滞不前或者螺旋下降，这主要取决于组织优化和反馈提供的纵向作用力。对内协调各类各层级组织的育人资源进行整合，对外协调各类育人形式，根据育人需要进行资源配置以适应时代、环境和内外部条件的变化，使组织运行更高效率地向组织目标趋同。

第一，完善组织优化。高校组织育人过程运行包括对组织要素的优化重组、组织结构的理顺完善、组织系统的优化升级，以此实现组织育人功能的优化，组织优化的目的是为了进一步提高组织育人的效能，更高效地达成组织育人的目的。高校组织育人过程运行的优化完善应该依循以下原则：

首先，政治性。坚持以习近平新时代中国特色社会主义思想为指导，以政治建设为统领，把政治建设放在首位，强化新时代高校各级党组织、群团组织、学工组织、教学科研组织、管理服务组织和学生社团组织的政治站位、政治立场、政治方向，切实牢固树立"四个意识"，自觉坚定"四个自信"，坚决做到"两个维护"。

其次，主次性。在高校组织育人体系中，高校党委处于领导核心地位，高校党委在组织育人工作中发挥领导核心作用，学院党组织发挥着政治核心作用，各个党支部则发挥着战斗堡垒作用。在组织育人实践中，要建立党委统一领导、各类组织分工负责的意识形态责任机制，这是做好高校党组织育人工作的基础和前提，也是完善组织优化的基本工作遵循。要树立党的组织育人根本的政治导向，充分发挥党组织教育、管理、监督党员和引领、组织、宣传、凝聚、服务群众时所肩负的重大政治责任，发挥党组织育人的组织保障功能；充分发挥群团组织团结凝聚师生、联系服务群众的纽带桥梁作用和功能；充分发挥管理服务组织"春风化雨"般的育人作用；充分发挥教务教学组织在高校通识课、美育课、体育课程设置、教学安排、教学管理和教学效果考核中的积极作用，使大学生能够在通识教育、美学教育、体育锻炼实践中实现自身的全面发展；充分发挥科研组织、班集体和学生活动组织凝聚青年、引领青年、教育青年和服务青年的基本功能，并以党组织为育人领导核心，形成组织育人合力。

最后，整合性。整合性的原则就是通过组织优化使各类组织能够形成良好的协同，进而发挥组织合力大于各类组织单个力量之和的效果。在高校组织育人实践中，各类组织从纵向上看，可以分为校、院、系三级；从横向看，可以分为党组织、群团组织、教学科研组织、管理服务组织和学生社团组织。这些组织是高校开展组织育人活动的载体和平台，如果形成合力共同助益于高校组织育人实践活动，就要发挥组织的整合性。以党组织为核心领导，从纵向层面建立三级联动工作机制，在横向层面建立有效的协同机制，通过党组织对高校各类组织进行分层管理和分类指导，实现组织育人功能"1+1>2"的协同效应和整合功效，有效地使各类组织发挥育人功能，形成协同效应，形成育人合力，共同助力于"大思政"育人格局。

第二，构建组织反馈。一分部署，九分落实。构建组织反馈是加强高校组织育人运行保障的必要条件，通过构建组织反馈平台，建立完善组织反馈机制，使高校组织育人工作的实际效果得以系统性反馈和集中性展现，进而更好地服务于组织优化，为优化组织育人工作提供直接、现实的感性材料。高校组织育人运行反馈应坚持以下原则：

首先，科学性。科学性是构建组织反馈的基本和前提，没有科学性的建构，就不会有科学的组织反馈，同时要重视实事求是、客观分析，坚持目标导向和问题导向相结合，深入开展实证调查研究和培训学习活动，及时纠正思想政治工作中的方向性、策略性、措施性的错误，加强顶层设计，进行合力的组织反馈构建，切实解决组织育人中的不协调、不平衡、不充分问题。

其次，针对性。坚持问题导向，实施"靶向施策"，针对组织育人在工作实践中存在的突出问题，有针对性的进行筛选、分析、调查、提出整改和修正意见，以此不断推进组织反馈工作的针对性。

最后，及时性。信息时代的显著性就是信息的瞬息万变，科技的发展运用使得教育对象信息获取的能力和幅度大幅增加，一条新闻和一个事件，经过很短的时间就能"发酵"成一类事件。在组织育人实践中，要把握这类规律和认识，在构建组织反馈体系中，一定要高度重视时效性，突出及时性，保持对意识形态的高度警醒，做到眼睛亮、见事早、行动快，只有及时将工作情况汇总、分析、反馈，才能为组织育人优化、组织育人有效运作节省时间。把握好组织育人过程中的时间节点，通过系统梳理、阶段性总结、及时上报反馈，为组织育人良性运作提供时间保证。

5.3 高校组织育人效果的提升

高校组织育人效果的发展受制于教育对象心理发展的规律，将育人效果的发展水平由低到高进行顺序排列为六个阶段：视听体验阶段、规范认知阶段、情感认同阶段、思想升华阶段、观念固化阶段、行为示范阶段，其中每个阶段都是上一个阶段的结束和下一个阶段的开始。

组织成员受外部环境的影响"被动"接受组织的"管束"，这种"被动"一方面来自组织制度的约束，另一方面来自组织环境的吸引。无论是组织制度的先期约束，还是环境的吸引，从高校组织育人效果的发展来看，一定是先由感官体验、情景认知，逐步过渡至情感认同、观念升华，直至达到行为示范引领的最高效果。育人效果的发展也反映了大学生在组织育人活动参与过程中的心理变化，从最初"被动"接受组织约束，到心理过渡阶段，组织个体接受组织活动的"洗礼"，在感官层面感受到活动给其带来的耳目一新的感觉，在心理层面产生豁然开朗的感觉。在此基础上，活动给组织个体带来思想上、认识上的提高，组织个体能感受到思想上的醍醐灌顶，收获"获得感"，进而达到心理认同阶段。随后是通过前期活动的参与，组织成员对组织、组织队伍、组织文化、组织管理、组织制度产生认同，进而表现在愿意身体力行维护组织所倡导的思想价值观念和主流意识形态的情感认同阶段。最后是组织成员对组织所提倡的价值观念高度认同，并进行行为示范，愿意用此价值观去影响带动组织内外部的成员，起到弘扬主流价值观念的旗帜作用的升华示范阶段。这些阶段符合教育效果的逻辑发展路径，体现了大学生参与组织活动心智良性发展的一般规律。

5.3.1 视听体验阶段

人的观念意识来源于客观事物在其脑海中的呈现。"先入为主"的体验感对组织育人效果的产生具有重要的"导引"作用。从组织育人供给方面审视育人效果发展的逻辑前提，组织设计好思想政治教育活动，使教育对象在参与教育活动中有耳目一新的"视听观感"体验理应成为组织思想政治教育的活动遵循。让参与组织活动的个体产生耳目一新的观感体验，并不是单纯地迎合受众心理，而是在客观把握组织环境、组织资源和教育对象认知能力、心理特点、价值观现状、话语特征的基础上，坚持主流价值体系和观点，运用思想政治教育基本原理和方法，结合当下的时事热点、流行的话语体系打造出别具匠心的思想政治教育活动精品。视听体验阶段是组织育人效果发展的第一步，也是至关重要的一步，如果教育对象不能"被吸引"，那么教育措施就不能在其身上发挥作用，或者教育对象凭着一时的兴趣"被吸引"而参与到活动之中，但是不佳的视听感官体验也会终止教育效果的进一步发展，教育对象不会再进一步实践教育活动内容，或者是由于受制于组织制度的约束而抱着情感阻却的心理参与组织活动，那么就达不到育人效果甚至是产生负面作用。

5.3.2 规范认知阶段

如果说不落俗套的活动能给人带来耳目一新的视听体验，那么流程规范、内涵丰富、思路清晰、形式多样的教育活动则能给教育对象心理上带来豁然开朗的收获感，这种心理层面的收获感对思想政治教育效果的发展具有"催发"作用，使教育效果从感官体验进一步上升到规范认知阶段。通过活动流程、活动内容、活动规则和活动效果，教育对象对高校组织和活动在规制、流程、内容和形式上进行廓清认知，思想政治教育的目的不仅是吸引，还需要通过"圈粉"达到规范认知、教育感化、价值同化的目的。组织规范的人性化设计、通俗化表达、理性化执行，使教育对象在组织运行过程中，对组织的各种规范、活动的各项流程、规则的各种表征，都有清晰的认知、明白的理解、内心的认同和自觉的遵守。这种对组织规则的敬畏、流程的知晓，使得教育对象对组织产生归属感，愿意在行为方式上和组织要求的运行规范相一致。自觉遵守既是感官体验的升级，也是情感认同的基础。

5.3.3 情感认同阶段

情感因素是思想政治教育过程中重要的非理性因素之一，对教育对象的教育效果起着促进或抑制作用，影响着教育对象价值观念的形成和教育目标的实现。马克思曾经指出，激情和热情是人们强烈追求自己对象的本质力量。[①] 认同是人对一定对象的有目的、有意识的追问与确认，是自我与他者之间同一性的寻求。[②] 如果教育对象对教育者、教育形式和内容持否定的情感和意志，就会产生抑制接受教育的心理，影响教育效率，也有可能在正常的接受过程中，因为个人情感或者主观意志受挫而中断接受教育。反之，教育对象对教育者、教育形式和

---

① 《马克思恩格斯全集》第 42 卷，北京：人民出版社 1979 年版，第 169 页。
② 庞申伟、柳礼泉：《改革开放 40 年中国共产党榜样文化建构的回顾与省思》，《思想教育研究》2019 年 1 月。

内容如果持肯定的情感和积极的意志，就会产生促进接受教育行为的心理，加速教育对象对教育信息吸收效率，并能在正常的接收过程中，发挥自觉性，将教育过程进行完善。良好、积极的道德情境具有弥散性，在高校组织育人实践工作中，组织育人的内容，组织环境的创设，教育者的素质以及教育方式都会影响教育对象的感情认同，对教育效果产生积极或者消极的影响。

第一，情感化的教育内容设计产生情感认同。列宁指出，没有人的感情，就从来没有也不可能有人对真理的追求。① 实践告诉我们，教育效果和教育对象的情感体验有很大关系，设计教育内容的目的是用教育内容感染人、打动人。在教育过程中，遇到的可能不是认识障碍，而是情感障碍，贯以情感引发的心理共鸣将助推教育目的的实现，这就要求在教育内容上根据教育对象的年龄结构、认知情况、家庭背景、教育经历等实际情况进行情感化的设计，用好的内容题目吸引人、用优秀的内容情节感染人、用细腻的内容情境塑化人、用科学的内容结构感召人。同时，教育内容还应该根据教育对象的需求和现实需要，将教育对象日常生活中可能遇到的、接触到的人物、事件和事物相结合，做到道人结合、道事结合、道物结合，使教育内容设计科学化、生活化、情感化，达到教育对象对教育内容情感认同的目的。

第二，情意化的组织环境可以加深情感认同。和谐、充满情感的组织环境设计，可以最大限度地扩大教育对象对教育信息的接收程度，增加教育对象的情感认同，通过组织环境的科学设计达到"情"与"景"、"意"与"境"的交融。教育内容就包含在组织环境设计的情、景、境中，这样就使得教育对象在进入组织环境之始就已经接受教育，感受到组织环境的"浸润"效果。并且，令人舒适的情境设计能打开和活跃教育对象的情感系统阀门，甚至在心理上接纳组织创设的环境，达到以情促知、以知促意、以意促行的效果。概言之，组织环境的创设越有内涵、越趋于情意化，越能打动和感染人，越能发挥组织环境"浸润"的功能。

第三，稳固的教育者情感素质提高情感认同。在组织育人活动中，教育对象

---

① 《列宁全集》第 20 卷，北京：人民出版社 1958 年版，第 255 页。

和教育者的接触是最直接的，教育者素质的高低、能力的强弱，反映到自身情感素质上就体现为情感的稳固性、深度性和纯洁性上。教育者情感的稳固性体现为诚学之、笃信之、躬行之，向教育对象展示的是教育者自我诚恳的学风、笃定的人生态度和务实躬行的实干精神。教育者情感的深度性体现在学术造诣和人格魅力上，并且两者相互联系，相互作用，相互影响。教育者情感的纯洁性体现在其职业风范和真挚情感，这种高尚的精神品质能让组织个人对教育者产生心理上的情感认同。

第四，富有人情味的教育方式促进情感认同。教育方式直接影响受教育者对教育内容接受与否、接受多少。从教育对象接受程度的角度出发选择合适的、富有人情味的教育方式，能够增进教育对象对教育内容的情感认同。现在多元化发展的大学生群体更愿意选择灵活、多样、互动式的教育方式，例如，演讲法、示范法、感化法、交流互动法、情境模拟法、实地参观法。利用这些方式方法将教育内容贯穿其中，或者是围绕一个中心话题开展活动，通过这些教育方法大学生既接受了知识，又满足了自身对表现自我、表达自我，渴望关注愿意积极表现的心理诉求的回应，自然提高了大学生意愿参加活动的积极性和主动性。

5.3.4　思想升华阶段

思想的先进性和主题的政治性一直是开展思想政治教育活动的鲜明特征。能否使受众在参与教育活动中感受到思考后的愉悦、思想上的共鸣，收获思想层面的满足感是组织育人能否实现有效性的关键。有效的思想政治教育活动不仅要有耳目一新的感官体验、豁然开朗的心理收获，还必须要能引发教育对象思想上的共鸣，升腾起价值观念的获得感，表现为思想层面醍醐灌顶的满足感。这就要求教育者在组织育人活动中必须凝练活动主题、深挖思想内涵、拓宽思维广度、延展思想政治教育活动的"战略纵深"。当前信息社会，人人都是自媒体，人人都是网络的"客户端"，表面上看受众可以轻松地从网络上浏览到自己想要的东西，实际上大学生在信息的海洋里其实并不"轻松"，网络上充斥着大量的"垃圾"信息，大学生需要具备对信息的鉴别和筛选能力，随着网络智能技术的运用，许多网络平台都能进行信息的主动推送，这些主动推送的信息具有明显的目的性，根据大学生日常的浏览习惯、个人身份特征进行主动推送，占据了大学生大量的业余时间。并且这些主动推送的信息具有很强的目的性，有些是为了营销的需要，有些是单纯的广告推送，或者是猎奇新闻为了"骗"取受众的点击量，这些"垃圾"信息给受众带来的更多是时间和精力的消耗，增多的只是在茶余饭后的谈资而已，对大学生在校学习知识、提高智能、培养品德、涵养价值观的主要任务几乎不起作用。在这种情况下，高校组织育人想要打赢"网络保卫战"还需要在育人活动本身上下功夫，在当下"内容为王"的时代，设计主题鲜明、内涵丰富、大学生喜闻乐见，容易引起价值判断的话题，深挖内容主题、优选内容题材、优化内容结构、鲜活内容形式、差异化内容供给，并且通过活动给予澈切的回答，回应大学生思想层面的困惑，心理层面的困阻。大学生通过组织活动的参与能够解决思想层面的困惑，起到豁然开朗的价值启发作用，达到思想升华的程度，大学生才会信任、信赖进而依赖所属组织，成为组织活动的忠实"粉丝"。

5.3.5 观念固化阶段

实践证明，价值观引导下的生活实践所产生的幸福感可以固化这种价值观念。思想意识如果不能"物化"为具体行动，不能指导实践生活的话是没有生命力的。"思想"一旦离开"利益"，就一定会使自己出丑。"利益"反映的是教育对象全面发展的需求，而"思想"存在的现实必要是能否"能动"地满足教育对象全面发展的需求，使思想的先进性指导教育对象向全面发展不断努力。理论与实践之间的桥梁是教育对象具体的身体力行，只有当教育对象躬身实践进而产生正面的积极效果时，才会产生幸福感，这种幸福感是组织育人效果得以固化与加强的重要方面。心理学的相关理论证明，幸福感的产生源于自身的满足感与认同感，行动层面的幸福感必定源于由一定思想观念指导下的具体实践而产生的满足感和得到的认同感，身体力行后的幸福感是组织育人效果得以固化的重要渠道，也是组织个体进行行为示范阶段的前提。

5.3.6 行为示范阶段

授人玫瑰，手留余香。思想政治教育的生命力在于内化于心、外化于行、浸化于境、同化于群，表现为思想政治教育的示范性。思想政治教育是以马克思主义为指导思想，以爱国主义、集体主义、社会主义教育为主要内容，以弘扬和巩固社会主义核心价值观为根本任务，指引人们树立中国特色社会主义的"四个自信"，强化人民群众对中华民族、中华优秀文化、伟大祖国、中国共产党、中国特色社会主义的价值认同，引导人民群众为实现中华民族伟大复兴的中国梦而共同不懈奋斗。人的思想不可能独立于环境而形成与发展。思想政治教育的示范实践活动可以激发行为人的成就感，这种示范层面的成就感是组织育人教育活动得以升华的重要保证，可以使教育对象在实践活动中获得有价值的"素材"融入自我的价值观念体系，成为个体价值观的一部分，完成思想政治教育从"灌输"、接受、获得到固化、内化、融入、升华的逻辑过程，并且这种行为示范阶段，源于教育对象对教育内容的笃信，对教育实践活动的笃行，进而愿意通过自身的实践活动影响、带动身边的人，起到行为示范的作用。在这个阶段，组织个体的角色也从教育的客体转换为教育的主体，转换成为教育过程中的教育者，这个阶段是组织育人效果的最高阶段，也是教育对象从感知、接受，到认同、升华、固化，再到模范带头的阶段，完成了从教育客体到教育主体的转变。

6 高校组织育人的实践路径

本章内容围绕提升高校组织育人有效性的问题展开，高校组织育人的基本形式是发挥各类组织的育人功能，利用各类组织的育人要素，挖掘各类组织的育人潜力，将各类组织建设和育人工作相结合。高校组织育人实践路径需要把握以下几个问题，党的建设和育人工作相结合的问题；各类组织和育人工作相统一的问题；党的建设带领各类组织建设的问题。依循组织力建设、创新力拓展、整合力提升的逻辑理路渐次展开。

6.1 高校组织育人组织力建设

组织力即组织能力，既是指设计组织结构和配置组织资源的能力，也是指在组织开展工作中，以更高的效率或质量，将组织内部各种要素投入转化为产品或服务的能力。组织力在管理学中是指企业所拥有的反映效率和效果的能力，是竞争优势的一个来源。后来组织力的概念范围引申拓展为各类组织的能力，组织力的大小，取决于追随者的多少，组织的追随者越多，组织力就越大，反之亦然。因此，可以看出组织力是一种能够相互凝聚的力量，是组织者与追随者相互作用而产生的一系列思想与行为。

2018 年 9 月 21 日，中共中央政治局会议审议了《中国共产党支部工作条例

（试行）》，指出党支部工作要以推动全面从严治党向基层延伸，全面提升党支部组织力，强化党支部政治功能，巩固党长期执政的组织基础。2019 年 1 月 17 日习近平总书记在考察调研南开大学时强调，高校党组织要把抓好学校党建工作和思想政治工作作为办学治校的基本功。①

高校组织育人组织力的建设是针对高校党的建设和各类组织建设，组织力建设提升是为不断加强组织的自身建设，同时以党的高质量自身建设带动其他各类组织建设，夯实党对高校的全面领导，强化政治引领和价值引领，围绕政治建设、组织建设、制度建设、思想建设和作风建设不断提高组织的引领力、号召力、执行力和感化力。同时，要不断加强党组织对其他各类组织的引领带动能力，加强各类组织建设，提高高校各类组织育人的能力。组织育人组织力建设主要通过加强政治建设提升组织引领力以达到共同的组织理想，以密织建强的组织体系提升组织的动员号召力发挥组织优势，完善严格有效的组织制度以提升组织的贯彻执行力实现组织力量的整合，以正气充盈的政治文化提升组织的政治感召力发挥组织功能，以素质高尚的组织队伍提升组织的集体感化力发挥组织的协同作用。

6.1.1 强化组织引领

加强高校组织育人组织力建设的首要问题就是要强化组织引领。组织引领首先是强化思想价值引领，加强政治建设，强化政治引领和价值引领。通过强化思想价值引领不断增强和强化组织的引领力和内聚力，进而提升高校组织育人的组织力。

以政治建设为统领强化思想引领提升各级党组织的凝聚力吸引力是解决党组织的"方向"和"密度"的关键。习近平强调，党的政治建设是一个永恒课题。要把准政治方向，坚持党的政治领导，夯实政治根基，涵养政治生态，防范政治风险，永葆政治本色，提高政治能力，为我们党不断发展壮大、从胜利走向胜利

---

① 习近平：《稳扎稳打勇于担当敢于创新善作善成　推动京津冀协同发展取得新的更大进展》，《中国教育报》2019 年 1 月 19 日，第 1 版。

提供重要保证。① 第二十六次全国高校党的建设工作会议中提出，要全面把握新形势新任务新要求，以党的政治建设为统领全面推进高校党的建设各项工作，加强政治引领和价值引领。要推动高校思想政治工作创新发展，构建全员、全过程、全方位育人工作体系，加强教师队伍师德师风建设。要抓好工作责任落实，以钉钉子精神推动各项任务落地生根。② 党对高校的全面领导，是办好社会主义大学最大的政治保障，因此在坚持党的全面领导的前提下务必加强党组织的自身建设，以及高校党组织的政治建设。正是因为政治建设对组织建设起着决定性的作用，才使得政治建设对于提高组织的组织引领力，进而提高高校组织育人的组织力，提升组织育人的有效性上有着至关重要的作用。所以强化组织引领必须加强党的政治建设，以政治建设为统领，带动党组织的思想、组织、作风、纪律和作风建设。通过强化政治功能，提高政治领导力；通过提高政治站位，宣传主流政治价值，提升思想引领力；通过强化组织实施，抓紧压实政治责任，提升工作落实力。同时，加强价值引领，持续加强对党的高校的全面领导，不断将党对高校的全面领导贯彻落实到高校的立德树人工作中去，提高高校组织育人质量。

第一，强化政治引领，始终坚定正确的政治方向。强化政治引领具有时代价值。要加强理论武装，在高校党组织建设中务必坚持以政治建设为统领。不断提升高校党的各级组织和党员政治自觉和政治意识，旗帜鲜明地讲政治，努力提高政治鉴别力，坚持正确的办学方向。

首先，持续不断加强理论武装，形成政治建设的共识。只有以先进理论为指南的党，才能发挥先进战士的作用。③ 党的政治建设的内涵包括政治立场、原则、方向、意识等方面，对党的各个方面的建设具有战略性的指导意义。但党的政治建设不是口号，不是空谈，而是有具体的有效抓手，要落实到具体的行动并达成共识，否则就只是空谈。因此，在高校组织育人实践中要提升组织育人的组织力和育人效果，必须以党组织的政治建设为统领进而强化组织引领功能，牢固

① 《习近平在中共中央政治局第六次集体学习时强调：把党的政治建设作为党的根本性建设为党不断从胜利走向胜利提供重要保证》，《思想政治工作研究》2018 年第 7 期。

② 新华社：《第二十六次全国高校党的建设工作会议在京召开》，《思想政治工作研究》2019 年第 2 期。

③ 《列宁选集》第 1 卷，北京：人民出版社 1995 年版，第 312 页。

树立政治建设推动组织建设进而提升组织力的逻辑共识，提高高校各类各级党组织和党员的政治意识和自觉，加强顶层设计，从整体推进高校各类党组织的政治建设，进而加强组织引领功能，提升高校各类组织的组织力。

其次，旗帜鲜明讲政治，不断提升政治鉴别力。政治建设就是要旗帜鲜明地讲政治，坚定政治信仰，提高政治鉴别力。能否办好大学，方向问题是第一位的。[①] 坚持正确办学方向是高校组织育人面对的最根本问题。强化政治引领就是要不断提升政治鉴别力，毫不动摇地坚持正确的政治方向。在互联网高度发达、人们思想日趋多元的当下更是凸显出强化政治鉴别力的重要性，这事关社会主义高校培养什么样的人，以及怎么培养人的根本问题，这就需要高校各级党组织肩负起高校意识形态的主体责任，遏制不良价值观念的侵袭，持续不断地加强对意识形态领域问题的研判，及时调整高校意识形态工作的侧重点和抓手，将主流价值观念和体系元素展示给当代大学生。同时，要对讲座、论坛、网络新媒体等宣传阵地进行及时监管和把控，通过宣传平台的制度设计、制度执行、制度反馈和制度调整，增强大学生对各种信息和思想观点的政治鉴别能力，将党对高校的全面领导落实到高校立德树人的具体工作实践中去，实现党组织对高校育人工作的全面领导。

第二，强化价值引领，全面提升思想引领力。提升党组织思想引领力，强化价值引领，是政治建设的实践路向。要通过强化政治功能，宣传政治价值，持续不断提升党组织的政治领导力和思想引领力。

首先，提高政治站位，提升党组织的政治领导力。宣传主流政治价值，有效提升党组织的引领力。不断提升高校党的各级组织和广大党员师生的政治站位，提高思想觉悟、强化职责担当、坚定理想信念、把握基本原则和立场，不断引导师生和广大党员在行动和思想上保持一致。心往一处想、劲儿往一处使，将党对高校立德树人的根本要求化为高校各类组织开展育人活动的行动自觉，不断增强党组织在育人工作上的领导力、组织力和引领力。

其次，突出思想引领，提升高校各级组织的思想价值引领能力，全方位建构

---

① 陈宝生：《高校必须坚持正确政治方向》，《求是》2017 年第 5 期。

基层"党建+"工作模式。新形势下，想要以政治建设为统领，提升组织的凝聚力和引领力，需要树立大党建的工作思维。通过构建"党建+"的工作运行模式，使党建和组织建设相结合，使党建和育人工作相结合，以党组织建设的高质量提升各类组织建设的高质量，适应高校立德树人的现实需要，不断使高校党的建设和各类组织建设有机结合，用高校党组织优质、丰富、科学的理论资源指导指引高校各类组织的建设，使各类组织的建设从组织目标、组织环境、组织文化、组织制度等方面都能够符合高校立德树人总体目标的要求，又能兼具本组织的特点和优势。同时，将党建和育人工作结合起来，发挥党组织育人的强大组织优势，利用党的理论资源、组织生活制度、党的优秀文化、党员的模范先进事迹等育人资源开展形式多样的育人互动，发挥党组织在育人工作的主体作用。

最后，以"党建+思想政治教育"为切入点，强化政治领导力。加强党的组织引领是新时代高校立德树人工作的基本要求。提升高校组织育人的组织力，核心在于提升高校党组织和各类组织的思想引领力，引领力的提高可以直接带动组织凝聚力的提高，进而提高高校组织育人的组织力，形成有效的逻辑闭环。因此，高校组织育人实践汇总要重视思想引领的作用和功效，发挥党组织的育人保障功能，以"党建+育人"的模式，充分发挥党组织的组织和政治优势。同时，发挥各类组织的资源调配和整合优势，汇聚有利于育人的资源和元素，将有利于大学生成长成才的因素和元素向组织内部倾斜和靠拢。通过"党建+育人"的模式，将党的组织建设和育人功能的发挥有机结合起来，发挥党组织的"政治引领+价值引领"作用。

6.1.2 完善组织制度

组织制度具有重要的价值导向性，应发挥组织制度的导向功能，引导、判断、评价的作用，完善严格有效的组织制度以提升组织贯彻执行力，进而实现组织力量的整合。

第一，各类各级组织内部的制度是组织力建设的基础。党章是党组织活动的基本遵循，准则、条例、规则、规定、办法和细则，是党根据具体的政治生活、工作流程、工作规程，管理办法所作出的具体的制度规定，党的组织生活制度也是规范党的组织生活的规定，其他各类组织围绕组织生活、组织建设、组织目标、组织措施、组织流程都设计有相应的规章制度。这些制度保证了组织的正常、高效运转，在运行过程中对组织成员也具有教育作用。组织制度通过提高贯彻执行力进而提升组织的组织力的逻辑是，高校立德树人根本任务的实现和对大学生的行为要求、道德养成必然通过相关组织的规范和制度体现，承载着大学精神和组织文化的道德规范一般融入相关的规章制度，使教育对象在受到制度约束的同时，自身的行为举止向制度设计的方向趋同。制度的引导作用，不但表现为明确的规范和制约，也蕴含着隐形滋养、久久为功的作用。教育对象长久的行为举止的"规定化动作"，必然形成心理映射，内化为教育对象自身的道德品质和价值观念，这是第一个阶段。第二个阶段是教育对象形成稳定的道德品质和价值观念后，必然会指导个体日常的行为表现，这一过程是价值观念的外化，表现为日常的行为举止由之前形成的成熟的价值观念外化生成，不再依附于组织制度的约束、规范和强制，是教育对象内心的价值观驱动形成的行为，既提高了个体行为的效率，也提升了组织的贯彻执行力。

第二，组织体系机制的建构是组织力建设的重要保障。党员是党组织肌体的细胞，进行伟大工程和伟大斗争，完成伟大梦想和伟大事业，都需要千万党员充分发挥个人的能力，卓有成效地来完成工作。党内民主是党的生命，组织力的建设就是要通过贯彻执行党内民主，不断保障党员的民主权利，激发广大党员和党组织发挥积极性主动性和创造性。在新时代的背景下，高校各级党组织提升组织力建设务必充分尊重党员的主体地位，保障党员的民主权利，通过组织开展"三会一课"制度、民主生活会、组织生活会等组织生活，提升党员的组织归属感，定期开展政治理论学习，切实提高党内活动的效果，落实党员民主评议制度。通过科学理论的学习、民主活泼的组织生活、科学有效的民主评议激发党员的主体意识，增强党组织的内聚力和组织力，为高校组织育人工作提供基本组织保障。

第三，完善各类组织制度建设，实现党对高校的全面领导。首先，坚持党对高校的全面领导，要以党的政治建设为核心，坚持党的领导，完善党在高校的领导体制，将坚持党的全面领导写入高校的章程之中，建立健全基层党组织发挥领导作用的制度规定，健全党对高校各类组织实施领导的制度规定，建立和完善校、院、系的三级联动工作机制和在党委领导下的各类组织相互协同育人工作机制，确保各类组织都能够在党的统一领导下积极主动，独立负责，协调一致地开展思想政治工作。其次，严格执行党组织的相关规章制度，学习党章和新形势下党内政治生活若干准则等党规党纪，规范党的组织生活制度，通过科学设置组织活动主题、规范相关流程、精细组织策划，将要解决的思想问题和实际问题相结合，不断将组织生活打造成为党员学习理论的平台、相互交往的载体、党性锤炼的熔炉。建立完善高校各类组织的制度规章体系，将育人工作为主要侧重点，将组织制度的设计、规划、完善、修改、补充和思想政治教育实践工作相适应，使组织制度能够发挥其育人的功能和作用。

第四，组织的建章立制和优化设计。各类组织的规章制度的建立、完善、补充和优化是发挥高校组织制度育人的重要前提和制度保证。良好的制度设计和执行可以有效保证组织活动的正常进行，保证教育对象在参与组织活动中能够有效接受相关内容的熏陶和教育。组织制度的构建原则是将组织制度的建设与育人工作结合起来，将思想政治教育的要求体现到各类组织的制度当中，使教育对象在接受组织制度的约束的同时感受到育人效果。针对还没有按照育人的基本标准进行有针对性的制度设计的组织，就需要及时进行相关的建章立制工作，使组织育人活动能够有章可循，依章而动。规章制度的完善和补充是指在现有的时代背景下，针对组织制度不适应时代发展和育人工作需要的地方，及时地、有针对性地对相关的制度和规章进行增补、完善，使修改后的制度能够更好地指导个体的行为和组织的运转。规章制度的优化是指通过合并、拆分、组合将组织的制度进行优化设计和处理，使规章制度能够发挥最大的育人效能，起到组织运转和思想政治教育的效果。

6.1.3 丰富组织文化

正气充盈的组织文化可以提升组织的政治感召力。组织文化一般是指具有本组织特色的价值观念、团体意识、工作作风、行为规范和思维方式的总和，是组织在长期的实践活动中所形成的，并且为组织成员普遍认可和遵循的。① 丰富组织文化对于推动高校组织育人"化育"具有积极的推进作用，具体包括夯实组织文化之基、浓郁政治文化、建设物质文化、建设精神文化来丰富高校组织育人文化。

（1）夯实文化之基

高校组织育人文化的营造内容应该以马克思主义科学理论为"本"，包括马克思列宁主义、毛泽东思想、邓小平理论、"三个代表"重要思想、科学发展观和习近平新时代中国特色社会主义思想；以社会主义核心价值观为"魂"，包括了社会主义核心价值观体现的中国人民的精神诉求，体现了当代国人的精神面貌，汇集了人民大众的价值观念共识，是我国社会主义文化的内核和轴心；以中华优秀文化为"脉"，包括了中华优秀传统文化、中国红色革命文化和社会主义先进文化，这些共同构筑成了中华文化的精髓，是中华民族的精神血脉，也是高校组织育人的源头活水；以其他民族的一切优秀文化成果为"鉴"，体现了育人的包容性、多样性和开放性。这些教育内容呈现出的真理性、科学性、艺术性，通过显性的灌输教育能够起到醍醐灌顶、思想升华、价值引领的效果，是最高效的育人形式。

（2）浓郁政治文化

习近平总书记指出，党内政治生活、政治生态、政治文化是相辅相成的，政治文化是政治生活的灵魂，对政治生态具有潜移默化的影响。获得感是感召力的前提，感召力是获得感的结果。正气充盈的政治文化可以使党员和群众收获获得感，进而感受到党组织的政治感召力。政治文化是一种深层结构的"隐性秩序"，它存在于党组织的文化之中，是组织文化的核心，能反映该组织的精神风貌、理想信念、行为方式等根本性的价值取向。政治文化是反映组织形象的精神标识，是组织文化育人的灵魂，可以反映党组织的"精神风貌"。浓郁的政治文化要通过厚植健康的政治生态土壤、集聚文化正能量、自觉摒弃庸俗的政治文化三个环节来完成。

---

① 倪素香、倪雪：《新社会组织思想政治工作创新研究》，《徐州工程学院学报（社会科学版）》2018年第6期。

一方面，厚植健康的政治生态土壤。忠诚是共产党人政治品质的本质和核心。政治生态是政治文化生发的土壤，有什么样的政治生态就会生发出什么样的政治文化，政治生态的好坏直接影响着政治文化营造。健康向上的政治生态对于打造良好的政治文化进而形成优良的组织文化具有较大的助推作用，一是通过开展相关的组织生活，例如，经常和党员谈心谈话，了解谈话对象的工作生活思想情况，对正确的思想观念给予肯定和表扬，不利的思想观念给予纠正和批评，通过正反两方面的措施，促使党员在组织群体中形成良好的思维、行为习惯。二是倡导公道正派、务实重做、忠诚担当的政治价值观念，促使党员干部在实践活动中将行为举止和价值观念相趋同，助益于高校政治文化的建设和营造。三是通过开展相关的互动活动，例如，入党宣誓活动、纪念日活动、荣誉表彰活动等引导组织文化的形成。

另一方面，集聚文化正能量，浸润政治文化"清新剂"。文化正能量就像是政治生态的土壤，厚植健康政治生态的土壤，有利于浸润出"清新脱俗"的政治文化。积极向上的正能量可以催人奋进，而文化正能量能够进一步融汇、酝酿出积极健康的政治文化。

总体而言，党内政治文化建设的最终目标是进一步丰富和发展组织文化，同时将优秀的组织文化散播出去，树立党员和党组织的良好形象。作为党组织群体中的一分子，每个个体的行为举止都在传播着组织的文化，都是组织文化的传播者。涓滴细流，终成江海，只有这样才能充盈充满正气的政治文化，提升组织文化的政治感召力。

（3）建设物质文化

物质建设是文化建设的载体和平台，物质文化建设的优劣直接影响组织文化的发挥。

一方面，分析组织物质资源，掌握资源数据。高校各类组织因其属性、类别、层次的不同，占据、掌握、利用的物质资源也大不相同。这些资源对于组织的运转起着重要的物质保障作用，对于育人功能的发挥也起着物质承载的作用，建设物质文化首要的就是分析组织内部各类物质资源的属性、功能和可利用程度，掌握组织内部的物质资源，为合理安排协调各类物质资源打好基础。

另一方面，定位组织目标，合理配置组织资源。在充分掌握组织内部物质资源的基础上，在组织内部物态设计和资源调配中，要突出发挥组织的育人功能，这体现为物质载体既能发挥其本身的物理作用，又能在视觉、触觉、听觉、功能使用中感受到物质载体呈现的教育人、感化人的作用。

（4）丰富精神文化

精神文化建设对丰富组织文化具有重要的推动作用，通过树立立德树人理念，建设和谐统一的精神文化，营造明德、博学、笃行的大学精神，不断提高组织文化的涵养能力。

首先，确立立德树人的理念。理念是组织通过长期的工作实践，经历、积累、抉选、凝聚、发展而来的，是组织价值所求和精神追求的根本体现。就组织的精神文化建设而言，要树立立德树人的理念，紧扣时代脉搏，按照高校立德树人的总体目标，与时俱进地开展精神文化创建活动。同时要科学定位，结合组织内部的组织愿景、组织目标、组织计划和组织优势，找寻组织内能够发挥自我优势的育人资源。

其次，建设和谐统一的精神文化。必须着眼于高校立德树人的总体目标开展精神文化的建设工作，坚持和谐统一的文化建设原则。"和谐统一"可以给人以美感的观感体验，让教育对象在组织营造的文化氛围中潜移默化地接受价值观念的滋养，和谐统一的作用就是起到润物细无声的化育效果。因此，在组织精神文化建设中，既要突出将精神文化和育人文化和谐统一起来，以育人文化为基础，又要突出组织特有的文化，使之能够相互促进、和谐共生、共同助益于育人活动。

最后，营造大学精神。高校各类各级各种组织文化是大学精神的具体体现，大学精神是高校各类组织文化的凝练和统一表达。各类组织文化基于各自组织的特征、属性、功能的不同产生的文化特性也不相同，不同的组织文化具有相同的涵育人的功能和特性。营造大学精神就是要将各类组织文化所反映的相同相通的精神特征归纳提炼出来，形成具有大学特征特点的精神文化。这种归纳整理浓缩出的大学精神，既反映出的各类组织文化共性的一面，也代表了大学作为一个整体的共同的文化形态。大学精神的物质载体包括校训、校风、校规、校歌以及各种带有显著标识的建筑物和景观，这些由大学悠久历史文化传承而来的大学精神文化，成为滋养大学生精神和价值观塑造的良好载体。

6.1.4 建强组织队伍

素质高尚的组织队伍提升组织的集体感化力。习近平总书记在强调教师自身思想政治素质的重要性时指出，在学生眼里，老师是"吐辞为经、举足为法"，一言一行都给学生以极大影响。教师思想政治状况具有很强的示范性。① 其实在高校各类组织群体中，教育者的素质一样会潜移默化地影响着教育对象的心灵，熏陶、涵化着教育对象的价值体系。

2019 年 1 月 17 日，习近平总书记在考察调研南开大学时强调，专家型教师队伍是大学的核心竞争力。要把建设政治素质过硬、业务能力精湛、育人水平高超的高素质教师队伍作为大学建设的基础性工作，始终抓紧抓好。②

高校组织育人队伍包括党的干部、团的干部、党员、团员、优秀青年学生、"双带头人"、管理人员、工勤人员，以及能够在一个组织群体中积极发挥主观能动性和自觉性，进而发挥育人作用的个体。高校组织育人队伍的素质由品德修养、理论素养、业务技能、育人能力等组成，有些教育者兼具多种能力，有些教育者只具备其中一种能力，例如：党员领导干部和教师不但具有较高的理论素养和品德修养，还具有较好的工作能力和育人能力，而校园管理和后勤管理机构的部分工作人员低学历者多，高学历者少，由于能力有限、收入不高以及生活压力，难以高质量育人。但人与人总是会存在个体差异，我们只是从整体层面对部分组织群体的教育者进行价值评判。高素质的组织队伍能有效提升组织的感化力，感化力是组织育人组织力的重要表征之一。想要提高组织队伍的素质，应该遵循以下逻辑步骤：

（1）育人队伍的"严格准入"

组织育人队伍在育人实践工作中主体性、能动性的特点决定了必须对育人队

---

① 习近平：《在北京大学师生座谈会上的讲话》，《人民日报》2018 年 5 月 3 日，第 1 版。

② 习近平：《稳扎稳打勇于担当敢于创新善作善成　推动京津冀协同发展取得新的更大进展》，《中国教育报》2019 年 1 月 19 日，第 1 版。

伍的把关进行端口"前移"，通过考试、考察、面试、测试、民主测评的方式考察教育者的政治立场、理论水平、道德修养、专业技能、育人能力和转化能力，以此提高组织育人队伍的准入门槛，确保教育者在日常的育人活动中不会出现短板效应，避免给日后的教育活动带来不利影响。

首先，政治立场要坚定。政治立场是检验组织育人教育者的首要标准，政治立场事关根本，教育者首先要有坚定的政治站位，坚持马克思主义，善于运用辩证唯物主义和历史唯物主义看待问题和分析解决问题，坚持党的旗帜为行动纲领，以党的方向为行动指南，以党的意志为行动动力，以全心全意为人民服务为宗旨。用辩证唯物主义和历史唯物主义的方法看待问题和解决问题。

其次，理论水平要精深。一是教育者要有与组织岗位相符的相关理论知识水平，例如，党组织、团组织要对党员、团员的基本理论知识和最新理论成果进行考核，管理机构的教育者应该知晓、掌握管理岗位的性质、运行机理、运转流程、蕴含的育人元素。二是教育者要有高尚的道德修养。考察的是教育者自身的道德素养，具体的评价标准是教育者是否对高校的生活抱有感情，是否喜欢与学生接触，是否喜欢自己的岗位和职业，这关乎教育者在入岗之后是否会全身心地投入育人工作中去，是否能在工作中找寻到快乐，是否能在工作中有获得感，这些因素将直接影响教育者在日常工作中的情绪状态，必须引起高度重视和关注。

再次，专业技能要突出。考察的是教育者从事组织岗位所具备的专业能力，教师要会教学、清洁工要会打扫卫生、展览馆工作人员要会讲解等，专业技能是从事好"本职"工作的基本技能，也是开展育人工作的前提和基础。同时，专业基础之上还包含育人能力。考察的是教育者和教育对象接触和交流时，能否有效地将教育内容通过自己或自己的产品和服务传递给教育对象，对教育对象价值观产生"势能"影响的能力，教育者的育人能力是真正发挥组织育人效能的能力。

最后，转化能力要高超。考察的是教育者是否有能力将理论知识、专业知识、社会热点、政策方针、经验故事等，通过教育者的认知、包装成功转化成教育资源对教育对象进行教育的能力，以及将育人的内容包含在自己的服务和产品之中，使教育对象在接受服务和产品的时候能够感受到育人的效果，使教育对象在潜移默化中接受教育者传达的价值观念。

（2）加强育人队伍的培训

马克思深刻指出："教育者本人一定是受教育的。"① 毛泽东在《延安文艺座谈会上的讲话》中明确提出："只有做群众的学生，才能做群众的先生。"② 这些表述都体现了对教育者培训的重要性。社会的进步、科技的发展、教育对象的变化都对教育者自身的素质和能力提出更高的要求，只有有效地接受培训，有针对性地补齐短板和弱项，才能在组织育人实践活动中更好地引领、带动大学生。培训的内容应当包含时事政治、理论知识、工作技能、转化融入能力。

首先，时事政治培训。时事政治培训保证教育者的育人"信息库"能够实时更新，通过培训将大政方针、热点问题、科技变化、业界前沿问题等方面的信息充实，并更新到教育对象的育人"信息库"之中，使教育者在日后的教育实践工作中能够实时掌握最新的、前沿的育人信息。

其次，理论知识培训。理论知识培训是教育者自身的专业理论知识和育人理论知识更新的保证，使教育者在日常的育人实践中能够更精准地把握专业规律和方向，把准育人的规律和教育对象成长的规律，增强工作的主动性和规律性。

再次，工作技能培训。这是保证教育者在从事岗位工作时能够更加胜任岗位工作的培训。实践证明，更轻松地开展工作，有利于养成工作中愉悦的心情，收获工作上的"收获感"，久而久之，愉悦心情带来的"收获感"能够使教育者以更加积极的心态开展育人工作。

最后，转化融入能力培训。这是提高教育者将育人资源融入或者转化到业务工作和产品中的能力培训。时代的进步、科技的发展、教育对象的变化，带来的是育人资源、育人元素的变化。培训的目的是要把准这些资源和元素的表征和属性，以及解决怎么融嵌、如何融入的问题，通过培训可以使教育者的日常工作和育人工作更加自然、更加高效的融合，提高育人的效果。

---

① 《马克思恩格斯选集》第 1 卷，北京：人民出版社 2012 年版，第 134 页。
② 《毛泽东选集》第 3 卷，北京：人民出版社 1991 年版，第 864 页。

（3）建立激励约束机制

激励约束机制的建立健全和完善是提高组织育人教育者工作效率和效果的重要保障，有利于树立正确的成长观、事业观，打造积极向上的工作作风，通过建立健全完善的育人评价体系、绩效考核评价体系、网络教育评价体系等提高教育者育人工作的光荣感、归属感和获得感。绩效考核评价体是由一组既独立又相互关联并能较完整地表达评价要求的考核指标组成的评价系统。有利于对组织育人的实际效果进行评价，同时也确保考核结果的客观、公正和合理。考核指标以能够反映业绩目标完成情况、工作态度、能力等级的数据为主。绩效考核评价体系的目的只有一个，就是提高立德树人工作的效果，可以依据组织岗位设置和组织机构的不同、依据教育者的角色不同而制定不同的考核细则。有针对性地进行同类的绩效考核能够起到正向的激励约束机制，根据平台的不同可以划分为"线下"育人评议和"线上"教育评议等形式。

（4）科学设计动态管理

对组织育人队伍进行科学设计动态管理，可以有效适应组织育人队伍个体变化的情况。人员、队伍和个体的差异会随着时间、空间、情境的变化而变化。教育者个体因为年龄、身体原因、个人能力和水平原因，无法适合岗位职责的要求，这时就需要引入动态管理机制，将不适应育人工作，或者不适应某些岗位育人工作的教育者及时进行调整和替换，使接触育人一线的教育者保持育人的最好状态。强化党组织和党员的角色意识和政治担当意识，使爱党、忧党、兴党、护党成为各级党组织和广大党员的自觉行动①，通过提升党支部建设规范化、标准化水平，不断提升党支部的战斗堡垒作用。通过严把政治关，提高发展党员质量，探索党员分类管理，增强党员教育管理的针对性和有效性，与时俱进地做好组织建设的科学动态管理工作，不断增强组织的育人效果，探寻组织育人的长效机制。

---

① 《习近平关于全面从严治党论述摘编》，北京：中央文献出版社 2016 年版，第 29 页。

6.2　高校组织育人创新力拓展

创新力也即是创新能力。创新能力的概念原是指各种实践活动中，特别是科技领域中具有经济价值、社会价值的新理念、新方法和新发明的能力。随着创新能力概念适用范围越来越广泛，其定义进行了外延，包括发挥作为主体人的主观能动性和自觉性，推动之前没有的理念、技术、文化和经济社会方面的关系从无到有的能力。创新能力的思想起源于两千多年前，老子在《道德经》中已经提出："天下万物生于有，有生于无的创造思想"；孔子提出要："因材施教"以及"不愤不启，不悱不发。举一隅不以三隅反，则不复也。"高校组织育人创新力的拓展是指在新形势下，把握高校思想政治规律，把清各类组织在育人方面的特点，进一步发展组织育人的主体，完善育人组织设置，充分发掘各类组织的育人要素，升级育人方式，科学进行组织育人评价，使高校组织育人的主体、组织设置、育人要素和育人方式以及育人评价在新形势下得到创新发展，更加适应时代发展的需求。

6.2.1　高校组织育人理念创新

高校组织育人理念的创新对于拓展组织育人创新力起着思想导引的作用，只有育人理念的树立才能推动育人效能的生成和发展，只有育人理念的创新才能带动内容和方式方法的创新。

（1）坚持党的全面领导，树立育人大局意识

党委领导下的校长负责制是我国高校的基本办学原则。习近平指出，坚持和完善党委领导下的校长负责制，不断改革和完善高校体制机制。① 我国高校是社会主义高校，正是因为党委领导下的校长负责制是确保高校正确发展方向的根本

---

① 人民日报评论员：《坚持立德树人思想引领　加强和改进高校党建工作》，《人民日报》2014 年 12 月 30 日，第 1 版。

保障，所以才应该进一步深化和完善这一科学办学制度，确保高校建设为全面建成小康社会服务，为中国特色社会主义服务。如何贯彻执行好这一制度，实现党对高校的全面领导，习近平认为，做好新形势下高校党建工作，要坚持和完善党委领导下的校长负责制。既充分发挥党委的领导核心作用，又切实保证校长在依法行政中的执行权力，还切实提高高校领导班子办学治校能力。① 以此保证党对高校的政治领导、思想领导和组织领导。政治领导就是要将党的路线方针政策以及党的办学指导思想贯彻落实到教学科研管理的方方面面；思想领导是指高校党委要肩负起意识形态责任制的主体角色，强化政治责任，引领全校师生思想，把坚定理想信念工作作为思想领导工作的出发点和落脚点；组织领导就是要坚持党管干部和当官人才的原则，不断优化人才晋升和选配机制，将政治立场坚定、业务能力突出、组织能力出色的干部选拔到领导岗位上来。

（2）加强各类组织建设，树立组织育人意识

高校组织育人要注重加强基层组织建设。党的基层组织是党的重要战斗力所在，是党密切联系群众的纽带，也是高校党委落实具体工作任务的组织载体和平台保障。习近平指出，高校基层党组织建设和党员队伍建设是高校党的建设的基础工程，团结、组织广大师生的凝聚力工程。各级党委和高校党组织要加大力度，坚持不懈地做好抓基层、打基础的工作，充分发挥高校党组织的战斗堡垒作用和党员的先锋模范作用。② 习近平还指出，必须持续加强高校党的基层组织建设，创新体制机制，改进工作方式，提高党的基层组织做思想政治工作能力。③因此，在高校组织育人实践中，一是要不断加强党的基础组织建设，根据新情况和时代背景，研究高校组织育人工作实践中出现的新问题，不断改进党的基层组织的建设逻辑、建设思路、建设方向和建设方式方法，灵活设置组织形式，增强党组织育人的活力和生机。二是以打造学习型和服务型党组织为契机，建设学习型和服务型党组织，让广大党员能够树立与时俱进的学习观和为民解忧的服务

① 武雪周：《习近平总书记高校工作重要论述研究》，《科学社会主义》2018 年第 6 期。

② 人民日报评论员：《在新的历史起点上努力开创高校党建工作新局面》，《人民日报》2008 年 12 月 20 日，第 1 版。

③ 人民日报评论员：《把思想政治工作贯穿教育教学全过程开创我国高等教育事业发展新局面》，《人民日报》2016 年 12 月 9 日，第 1 版。

观，持续加强理论学习、专业学习、调查研究学习和理论联系实际学习，向书本学、向群众学、向实践学，不断增强适应社会、服务师生的能力。同时高校党组织要端正服务态度，树立全心全意为高校师生员工服务的心态，在工作和生活中关爱、帮助师生员工，为他们排忧解难，不仅要解决实际困难，还要解决思想上存在的问题。三是加强各类组织建设，除了党组织外，其他各类组织在党组织的带领下，理应立足自身岗位的特点和优势，积极进行思想建设、作风建设、制度建设和环境建设，将组织要素和育人功能相趋同，不断实现各类组织的育人功能，发挥各自的育人功效。

（3）发展组织育人主体，强化育人主体意识

《现代汉语词典》对主体有三种解释：①事物的主要部分；②哲学上指对客体有认识和实践能力的人；③法律上指依法享有权利和承担义务的自然人、法人或国家。①

1）增强育人主体角色意识。

高校组织育人的主体是高校各类组织在开展思想政治教育活动中对确定教育方向和目的、选择教育内容和方法、运用教育手段和载体起主导作用的个体。按照传统意义上的分类，高校组织育人的主体是高校组织育人的教育者，即高校党组织、团学组织、教学机构、管理机构等组织中从事思想政治教育活动的人。新的时空境遇下，高校各类各级各种组织在开展育人实践活动中的教育对象也呈现出一定的主体性，这就需要我们在高校组织育人主体上进行新的界定。

对高校组织育人的主体进行重新认知。新的形势下，高校组织育人的主体一般可以做以下分类：一是导向性主体，这类育人主体不直接参与高校组织育人的具体实践工作，但是却在组织育人的制度规划、体制机制设定、方针制定、组织设置等宏观方面进行协调和控制。导向性主体是思想政治教育活动的调控者、组织者、统筹者，是发挥其主观能动性和自觉性以此推动组织育人工作理念、运行模式、发展方向不断向着更加高效科学的方向发展，在确定育人目标和内容、方式和方法，制定相关的方针政策和路线图都起着至关重要的作用。高校组织育人

---

① 中国社会科学院语言研究所词典编辑室：《现代汉语词典》，北京：商务印书馆2000年版，第1643页。

的导向性主体包括高校各级党的基层组织、各级团学组织、各类组织的领导者等，他们是高校组织育人运转体系中的组织领导力量。二是主动性主体，这类主体是高校组织育人工作的直接实施者、具体参加和促进者，按照高校关于思想政治教育工作的思想理念、具体要求，将相关的理想信念、价值观念、行为习惯要求、道德修养要求等通过组织活动、组织文化、组织制度、组织队伍传递到教育对象脑海中，使之能够内化为自身的核心价值体系。主动性主体直接接触和面对教育对象，将党对高校立德树人要求的思想理念、政治观点和道德观念传递给教育对象，通过教育教学、辅导谈心、座谈交流、感染激励、示范引领等方式和措施，使教育对象接受组织育人的内容，进而形成自身的价值观念和思维习惯，固化为个体对客观事物认知的价值体系的有机组成部分，进而外化为支配控制行为个体日常行为的力量。主动性主体主要通过确立教育原则与选择教育方法、协调整合各种影响因素、进行自我提升和完善的方式开展育人工作。三是受动性主体，即思想政治教育的对象。受动性主体是高校组织育人工作的过程参与者、内容接受者和实践效果的承担者，教育对象在组织育人实践过程中处于受动的角色，其要依照教育者确定的活动内容、活动主题、组织环境、组织制度，被动地接受教育者在育人实践活动中采取的活动方式方法、接受教育者按照育人思想和目的的要求，设计的组织环境、组织文化和组织制度。其受动性主要体现在被动接受和被动参与等方面，这种被动只是相对而言的，但受动性主体在接受教育过程中具有自主选择性、能动性与创造性，受动性主体结合自身对事物的认知和自身的特点，通过主体参与程度和反馈意见信息，有针对性地利用自己的优势和特点去吸收、理解、消化教育内容，影响、反作用于导向性、主动性主体，从而呈现出与众不同的教育效果。从这个层面上看，教育对象在接受教育的过程中也呈现出了一定的主体性，主体性也是受动性主体的本质属性。

激活现有的导向性和主动性主体的育人主体意识，特别是主动性主体的育人主体意识。和教育对象直接接触的主动性主体对教育效果能够产生直接的影响。在高校组织育人实践中，一定要强化"一线"教育者的主体意识，教学组织、管理机构等各类组织的一线教育者在肩负业务工作的同时还承担着育人的工作，激活"一线"教育者的主体意识，让他们在业务工作中主动承担起立德树人的职责与使命，才能激活高校组织育人的神经末梢，打通组织育人的"最后一公里"。

激发受动性主体的主体意识。受动性主体的主体意识是由受动性主体的角色建构和内化过程共同组成的，受动性主体的角色构建影响思想政治教育最终目标的实现。受动性主体在组织育人实践活动中往往处于被动、从动和接受的地位，这是由于多数情况下组织的属性和特点所决定的。例如，组织的制度、组织的纪律、参与组织活动时必须遵守的流程等。受动性主体在被动接受的过程中也有主体因素的成分存在，也就是说，在接受教育者价值观灌输过程中，受动性主体也有主动选择的权利。教育的内容和自身的价值观念形成对立的时候，受动性主体会进行主观的判断和选择，这个过程就是受动性主体发挥其主体作用的过程，具有独特的主体性特点。想要发挥主体对教育过程的促进作用，就需要先对教育对象的主体角色进行合理的认知和构建，认识到其自身的价值观念和行为方式与组织育人要求之间存在着差距，从而在心理上形成要求进步的势能，将这种积极的心理势能外化为渴望全面进步的行为力量，将自身存在的不足和组织育人所要求的目标相比对，进而形成自我要求进步的实践力量。

2）落实组织育人主体责任。

主体意识是产生主体责任的前提和基础，主体责任是主体意识的进一步发展，只有肩负起应有的主体责任，才能发挥教育的主体性，发挥高校组织育人的功效。落实组织育人主体责任包括主体责任的层级压实、主体责任的角色压实。

主体责任的层级压实。高校的各类组织按照层级可以划分为校级、院级、班级和个人四个层级，每个层级都肩负着不同的育人责任，我们发现党组织的育人效果较好，但是会出现育人效果"层层递减"的现象，其他各类组织在育人实践过程中也会出现"雷声大，雨点小"的状况。如果直接和学生接触的主动性主体的主体性责任意识不强，就需要我们在层级管理过程中，压紧压实各个层级的主体责任意识，无论是立德树人决策部署的"第一公里"，还是育人工作实践的"最后一公里"，各层级的组织育人主体都要肩负起应有的主体责任，不打折扣地完成自己"分内"的工作，尽量减少层级管理带来的组织育人效能减少的状况。

主体责任的角色压实。党员、团员、组织负责人、组织机构中的一线工作人员和教育者对象都肩负着教育的主体责任。鉴于育人主体的复杂性,应该分门别类地做好角色压实工作,党员、团员、组织负责人这类群体普遍有坚定的理想信念,经常接受教育培训和实践锻炼,在责任角色意识上是鲜明的、坚定的。各类组织机构中的一线工作人员往往囿于业务工作的琐碎,很难在具体业务工作中"抽身"出来开展育人实践工作,特别是管理机构中的一线工作人员,例如:保洁人员、食堂工作人员等和育人工作看似"不沾边",但却会影响、冲击、重塑大学生的价值体系。后勤社会化的现状使得这类群体队伍的素质参差不齐,整体育人素质有待提高。这类群体队伍只有将主体责任角色压实,才能在开展业务工作的同时将育人活动融嵌进去,发挥好组织育人的功效。教育对象的主体责任就是要通过教育手段激发教育对象自我学习、自我提高的积极性、主动性和创造性,从"要我学"变为"我要学",从"要我提高"变为"我要提高",完成教育客体的主体化,压实教育对象的主体责任从而提高教育对象的积极性。

6.2.2 高校组织育人内容创新

在全员育人、全过程育人、全方位育人的"大思政"育人格局中,组织育人的创新力需要深入发现、挖掘、发挥育人内容,立足各类组织本身,围绕组织的特点、属性、优势在经济社会和科学发展的时代背景下所呈现的内容要素。运用、激发、激活内容要素,突出全要素育人,在育人组织之间实现育人内容的融合融通。

第一,挖掘高校组织育人内容要突出"全"。高校组织育人的内容理应囊括高校育人的基本内容:以马克思主义科学理论为"本",包括马克思列宁主义、毛泽东思想、邓小平理论、"三个代表"重要思想、科学发展观和习近平新时代中国特色社会主义思想;以社会主义核心价值观为"魂",包括了社会主义核心价值观体现的中国人民的精神诉求,体现了当代国人的精神面貌,汇集了人民大众的价值观念共识,是我国社会主义文化的内核和轴心;以中华优秀文化为"脉",包括中华优秀传统文化、中国红色革命文化和社会主义先进文化,这些共同构筑成了中华文化的精髓,是中华民族的精神血脉,也是高校组织育人的源头活水;以其他民族的一切优秀文化成果为"鉴",体现了育人的包容性、多样性和开放性。这些教育内容呈现出了真理性、价值性、实践性、科学性、艺术性。在此基础之上，高校各类组织还应该有其性质、属性、特点所产生的组织所特有的育人内容，在"大思政"育人格局之下，挖掘高校组织育人的内容就是要充分发挥育人主体的能动性育人内容要素，组织管理的制度性育人内容要素，育人环境的载体性育人内容要素和组织内容的内涵性育人内容要素，形成全要素育人的态势。主体要素是高校组织育人实践工作的能动性要素，包括导向性主体、主动性主体和受动性主体；管理要素是高校组织育人工作中的制度性要素，党章、党规、团章、团规、高校章程、各类组织的管理规定、公约和办法都是组织育人的管理要素；环境要素是高校组织育人工作中的载体性要素，分为物质环境和精神文化环境，物质环境是承载高校各类组织的物态场域，组织开展各类育人活动的场所资源、自然资源、红色资源、文化资源、体育资源、国防资源，是突出组织活动或身份特征的标识标志资源。精神文化环境是指组织环境所营造的精神风气，包括大学精神、办学理念、校训、校风、学风、教风、管理作风等内容资源。内容要素是高校组织育人工作中的内涵性要素，内容要素也是高校组织育人实践工作的内容，包括马克思主义的基本理论知识和最新理论成果、社会主义核心价值体系、中华优秀传统文化、革命文化和社会主义先进文化、人类一切优秀的文化成果和高校各类组织涌现出的优秀人物和事迹，这些都是高校组织育人的内容，也是对大学生开展思想教育、政治教育、道德教育和心理教育的基本素材。

第二，高校育人组织之间要突出内容的"融"。高校组织育人的主体、管理、环境等育人内容之间构筑成了基本的内容框架，这些内容要素之间不是相互孤立的，而是有机联系、相互促进、辩证统一的。各个组织的育人内容要素之间只有做到融合融通，才能发挥育人要素的最大功效。融合是各要素在育人过程中形成合力，使诸要素在育人过程中能同时作用于教育对象，营造组织育人最好的环境要素。融通是各要素育人对象能够融会贯通，各类要素彼此相互配合。

要注重传统内容和新型内容的有效融合，充分发挥新型内容在育人实践中的作用，将信息科技的发展成果和各类育人要素相互融通，体现出信息科技带来的迅捷、高效。同时，还要发挥各类标识内容在环境要素中的实践运用。标识是一种符号、记号或者标志物，各种文字、图形、声音、视频、灯光通过科学的设计和设置能够具有较高的辨识度和认知度，使教育对象在辨析标识的同时通过标识了解相关含义、代表意义，通过标识中蕴含的文化潜移默化地教育人、感化人。

6.2.3　高校组织育人方式创新

科技的突飞猛进带来的是信息的海量化、价值的多元化，加之大学生群体现在获取信息的渠道是多方面的，思维也是多角度的，不但接受传统学校的教育熏陶，还接受家庭、社会对其价值观念的同化；不但传统的育人组织会对其进行教育引导，"新兴"的育人组织也会对其进行价值观的影响。在这样的信息传递多维、接受教育多元的时代境遇下，必须适应新的社会发展形势，通过有效的形式、手段向教育对象展开思想观念、政治观点和道德规范教育，才能收到实际的育人效果。育人方式是在高校组织育人实践活动中运用的手段和方法，提高高校组织育人的方式可以有效增强育人的活力和辐射能力，提高组织育人的效能。

（1）育人方式创新的基本逻辑

组织育人方式的创新要把握育人模式的不断开掘、育人载体的不断融合、育人平台的不断搭建的基本逻辑。

1）育人模式的不断开掘。

模式是解决具体问题的套路，也是方法论的一种，是将解决问题的方法抽象为一般的理论层面，用于提供解决相似问题的方案。高校各类组织的特性、运行机制、育人主体都不尽相同，导致各类组织呈现出不一样的育人模式。党组织主要通过理论学习、组织生活、实践锻炼进行思想政治教育，教学科研组织主要通过课程设置、课堂教学、科研实践锻炼等形式开展育人活动，而管理服务组织的教育者更多的是通过自己的服务"作品"，让作品"说话"，用产品"育人"。我们不能苛求管理服务组织的教育者用教学科研组织的教育方式去育人，也不能简单地将党组织育人的方式生硬地"套"到后勤服务组织的育人方式上，这样不但之前的教育方式会"失灵"，而且所在组织的育人效果也不会理想。概言之，教育方式的选择需要根据组织的特征、特性、运行规律和育人主体的不同，把握各类组织育人的规律，有针对性地、分门别类地开展育人工作。

2）育人载体的不断融合。

载体是育人的"中介"，有效的载体能够提高育人的效果。高校各类组织要运用好载体的力量，以文化为载体能够有效提升育人结果的价值化，扩容榜样文化物态和榜样人文设施，以网络为载体可以有效提高育人过程的生活化，以实践为载体能够促进育人内容的行为化，以制度为载体可以增强育人效果的时效化。将育人工作嵌入组织日常的业务活动中，与组织内部各种育人载体相融合，通过育人载体的不断融合提高组织育人的工作效率和实践效果。

3）育人平台的不断搭建。

平台是育人的"舞台"，搭建有效的育人平台为组织育人各类元素提供有效整合，形成育人功能的集中释放，如党组织的党员之家，干部之家，共青团的青年之家，还可以根据教育对象的实际需求和自身兴趣爱好，搭建各类兴趣小组，形成融入、贯穿、围绕的组织育人格局。

（2）育人方式创新的形式

高校组织育人方式的创新包括互动交流式的启发教育、仪式感光荣感教育和情境浸润式教育等形式。

1）互动交流式的启发教育。

德国教育家第斯多惠曾说过："一个坏的教师奉送真理，一个好的教师则教人发现真理。"① 中国古话讲："授人以鱼不如授人以渔"；孔子在《论语·述而》中提到："不愤不启，不悱不发。举一隅不以三隅反，则不复也。""愤"是指教育对象在接受教育的过程中积极主动的渴求进步，但由于自身知识能力水平的限制对接受教育过程中产生的困惑无法排解的一种学习状态。"悱"是指教育对象在接受教育过程中已经对教育内容有一定的认知和理解，但是由于理解得还不够全面和深刻，没有在心中对相关的内容形成概念和轮廓，因此，出现对教育内容认知模糊、含糊，心中困惑而又无法用确切的语言形容出来的一种学习状态。"愤"和"悱"所表现的都是教育对象在接受教育过程中存在的学与思交互矛盾运动过程中出现困惑的过程。而"启""发"是教育者通过互动交流的形式了解

————————————

① 吴式颖：《外国教育史教程》，北京：人民教育出版社1999年版，第58页。

到教育对象的思想困惑点和症结所在，并有针对性地进行点拨或者解疑释惑，让教育对象感受到豁然开朗、醍醐灌顶的思想解惑过程。

首先，互动交流把握时机。如前文所述，互动交流把握"愤、悱"是进行启发式教育的前提。学生只有具备了一定的知识储备和学习能力，才能和教育者进行交流互动。如一位画家和一位农民在观看画展的时候，自身的收获是不同的，就中国古话讲："内行看门道，外行看热闹"是一个道理。在具备一定知识的前提下，产生疑惑而又不能"释怀"，教育对象对教育内容的认知犹如即将点燃的星星之火，只需要借助一点点风就能形成燎原之势，此时，教育者在教育对象的人生道路上就发挥着重要的引路人作用，教育对象在教育者的指引下能够对教育内容产生澈切的认知和理解，同时对事物的认知能力又提高到了一个新的高度，达到举一反三、触类旁通的教育效果。教育对象发挥自我教育的积极性、主动性和自觉性，积极主动地思考，不断地自我理解、消化、吸收，不断地进行自我认知的解构和重构，这时互动交流式的启发教育才能最大限度地发挥作用。

其次，启发教育把握步骤。通常来讲，犹如一个人走路一样，教育过程不是教育者"代替教育对象走路"，也不是背着教育对象走路，而是充当辅助的角色，"扶着教育对象走"。"扶着走"在不同教育实践阶段的具体做法也不同。具体体现在，当教育对象刚刚接触新知识、新环境的时候，教育者理应多承担"扶"的责任，使教育对象能尽快接受、融入育人环境之中；当教育对象已经对教育内容有相当的认知和基础的情况下，教育者就应该适当放手，引导教育对象向前发展；当教育对象已经完全熟悉教育内容，基本掌握相关的知识以后，教育者只需起保障作用即可。这三个阶段体现了教育对象获取知识的三段过程：一是在教育的起始阶段，教育者对教育对象的启发启蒙，让其融入教育环境中去，感知组织育人的环境和文化；二是在教师的启发诱导下，将知识转化为自主学习的能力；三是逐步加深对相关知识和能力的理解运用，学会举一反三，自主学习、自我提高、自我完善。

最后，互动启发营造氛围。民主的教育形式和和谐的教育氛围既是互动交流式启发教育的前提，也是教育对象收到实际效果的重要外部因素。和谐民主的氛围有利用教育对象开动脑筋，去发言、去讨论、去观察、去争辩，这其中就要营造平等、民主的学习风气和育人氛围。教育者和教育对象之间彼此尊重、相互理解、相互信任、相互配合。在高校组织育人实践过程中，教育对象时刻要认识到自己作为大学生人生成长路上的引路人的角色定位，让学生感受到可亲又可敬，这样，互动交流式的启发式教育才能够取得预期的育人效果。

2）仪式感光荣感教育。

仪式感光荣感教育是组织育人教育方式的重要内容，因为高校组织的特征和属性，在开展育人工作和业务工作是会有大量的活动流程和固定程式，这些环节和流程是保证组织活动有序进行的保障，也是对学生进行仪式感教育的最好形式。开学典礼、毕业典礼、升国旗观礼、入党入团宣誓、开会奏唱国歌等可以亲自参与的组织活动，都会让学生产生出身为组织一员的光荣感，这种仪式文化既是校园文化、组织文化的一部分，又是组织育人的有效方式。因为这种仪式感是在生活细节中逐渐形成的，真正走到了大学生的生活和学习中去了。仪式感能很好地将教育内容融入组织育人的各环节中，但前提是必须进行科学的设计和精心的打磨，这样不仅可以帮助教育对象培养明确的精神认知和道德认知，而且能够满足教育对象的道德需求，进而形成良好的行为习惯。

仪式感能培育学生的使命感。无论是针对党员团员而召开的党员团员发展大会，对组织群体中涌现出的育人先进个人和集体进行的公开表彰和选树活动，还是上课、参加组织活动的各种流程和仪式，通过对细节的打磨、科学的设计，能够使教育对象在参与活动时对活动的细节规范、有序、精彩产生由衷的敬佩和喜爱，仪式感是职责感的认知和传递，通过细致入微、环环相扣的仪式活动细节，传递给教育对象的是严谨的工作作风、务实的做事态度、科学的执业精神等，能够有效提升教育对象的获得感、组织归属感和光荣感。

光荣感能培养学生的责任感。光荣感的产生既有基于参加活动产生的荣誉感，也有自身受到荣誉表彰，被选树为榜样后内心升腾出的责任感。前者的生成主要是通过仪式感知，如观看天安门升国旗仪式，对自己身为一名中国人而感到骄傲和自豪。后者的生成主要通过受到表彰，如在"朋友圈"中成为被推崇的对象之后，内心升腾出的愿意继续自我学习、自我成长、自我提高、自我教育，发挥先锋模范带头作用的责任感。

3）情境浸润式教育。

情境浸润式教育是素质教育的一种模式，也是提高组织育人效果的有效途径之一。在高校组织育人实践中，单向的理论灌输很难达到预期的育人效果，因为许多活动都是延续之前的组织规程进行的，这就使得简单的理论灌输已经不能满足教育对象的思想发展诉求，已经不能有效地开展相关的组织育人工作。在思想政治教育过程中，正因为单向的知识灌输，使思想政治教育远离了生活，抛弃了思想政治教育自身的价值和意义，无法真正取得实效。[1] 组织育人的优势既包括组织活动的严谨、规范、程式，同时也蕴含着组织环境、组织文化等情境式的教育方式，可以发挥组织情境的浸润作用，是高校组织育人方式的有效途径。

首先，注重渗透教育。情境浸润式的教育方式就是渗透式的教育形式，是将育人的目标层次化、具体化，帮助教育对象明确其学习目标，树立理想信念，将自身学习成长发展和祖国的前途命运紧密联系，这其中的教育过程并不是随意而为的，而是要根据各类组织的特点和优势，结合教育对象的行为特点和需求，将育人的内容和目标融入育人的过程中，正如盐入水中，看不出水的任何变化，但是却能品尝出盐的味道来。

其次，增强互动环节。组织育人活动要取得实际效果需要满足两个层面的转化，一是教育内容内化到教育对象的价值体系中，形成稳定的思想观念和思维习惯；二是内化的思想观念和思维习惯外化为教育对象科学客观地看待问题、分析问题、解决问题的素养和能力。内化和外化是组织育人的两个阶段，内化和外化的矛盾运动是育人效果产生的必经过程，实现内化和外化的往返运动就是要有具体的互动实践环节。增强互动实践环节一方面可以帮助学生形成切身体验。实践证明，只有获得实践亲身体验的事物，才能真正了然于心，对人的成长成才能起到实际的引导作用[2]。另一方面可以增强教育者和教育对象之间的彼此互动。教育者要体察、了解教育对象的行为举止，进行心灵沟通，与学生建立起相互信任、信赖的师生关系，为大学生真正体验成长创建良好环境。互动教育过程中教

---

① 冯建军：《"德育与生活"关系之再思考——兼论"德育就是生活德育"》，《华东师范大学学报（人文社会科学版）》2012年第7期。

② 季海菊：《生态德育：国外的发展走向与中国的未来趋势》，《南京社会科学》2012年第3期。

育者和教育对象的互动也可以是角色的互换，这种角色互换能充分调动学生参与其中的积极性和创造性，使教育对象抱着"主人翁"的心态参与其中，教育效果会大大增加。

最后，构筑情境式教育氛围。当前的高校在校大学生群体往往具有丰富的情感世界和多元化的思维方式，经济社会的日渐发展、信息科技的日新月异、网络自媒体的兴起，使得教育对象的眼界、视角大大拓宽，获取知识和价值观念的渠道突破了之前物理形式的壁垒，造成教育者在组织形式和组织方式上有时候也跟不上时代发展的步伐，使教育对象在参与活动的过程中，对活动形式感觉"索然无味"，教育效果可想而知，同时，大学生信息接收的增加并不意味着其阅历的增加，间接经验的积累很难代替直接经验，这就给情境式的教育方式发挥较好育人效果提供了平台。构筑情境式教育氛围，增加教育对象情境中的体验感，将间接经验转化为直接经验，从而达到较好的浸润教育的效果，情境教育的表现形式多种多样，既可以采用由照片、文字、图画等编排成的读本和展览，也可以借助现代影像、多媒体等技术手段，或者组织各种具有典型意义的情境教育活动等。[①] 例如：参观校史馆、开展美育教育实践互动、观看"红色"经典电影等。

6.3　高校组织育人整合力提升

整合力是指对运转流程和资源调配的整合能力。高校组织育人的整合力是指根据组织系统内外部的变化对育人资源进行有效调配，使各类育人元素形成价值趋同，进而形成育人合力的能力。高校组织育人整合力可以分为宏观、中观和微观三个层面。

宏观整合力是指教育者把握信息和变化，针对宏观环境有可能对组织育人实践工作产生影响的因素通过调整育人策略、制定相关政策措施、完善相关机制体

---

① 丁敏、刘艳：《创设情境，培养全面、和谐发展的人》，《教育探索》2008 年第 1 期。

系，提高其在宏观层面对有利于组织育人的资源进行整合的能力。内外部环境方面的各类因素包括党对高校育人工作的指导思想、经济社会的发展、最新科技的应用、社会思潮对高校育人工作的影响、高校育人环境的变化、高校各类组织内部育人资源的变化趋势。

中观整合力是指教育者善于把握事物发展的规律性，特别是组织建设规律、思想政治教育规律和学生成长规律，清晰组织体系内各种育人元素和资源"分布"，在把握三个规律的基础上，将组织体系的各种育人元素和资源进行整合，形成组织育人的具体制度、实施细则、考核办法、评价体系，对组织开展育人实践活动提出具体指导性的意见和措施。

微观整合力是指教育者善于利用自身的优势和组织的优势，在了解教育对象的特点和特征之后，有针对性地调动自身优势和组织优势进行整合利用，系统性的对教育对象进行有针对性的思想政治教育工作，微观层面的整合力是实施层面的整合力，既考量组织具体育人的能力，也反映组织建设和育人工作相结合的能力。

6.3.1　平台整合

平台泛指进行某项工作所需要的环境或条件。平台整合是高校组织育人整合力提升的重要保障，在高校组织育人实践中，平台的整合对于育人工作的实际开展具有重要意义，高校各类组织开展活动都依托组织自身作为活动的平台。平台一方面表现为组织、机构等有形的载体，另一方面表现为育人需要通过跨平台资源整合实现育人目标。高校组织育人平台的内在规定性决定了平台应该具备育人目标的契合性、性质定位的综合性、合作模式的多样性和协同效应的长期性。

第一，构建高效权威的领导管理体制。平台的整合可以有效发挥高校组织育人在资源调配方面的整合作用，按照育人的根本目标将各类组织资源进行系统整合，按照协同学的相关理论，组织内部的诸多元素在有序的情形下才能发挥高效的协同作用。因此，平台整合过程中，首先要建立的是高效权威的领导管理体制，从育人目的策划开始进行顶层设计。这种领导权威主要体现在：高校组织育人教育实践工作必须在学校党委的统一领导下开展，发挥党组织在组织育人实践活动中的组织保障作用，凸显高校党组织作为高校立德树人工作的责任主体地位，从高校党委的层面明确领导管理体制，形成全校一盘棋、一张蓝图画到底的育人格局。

第二，构建渗透融合的工作合作机制。渗透融合的工作合作机制是针对各类组织内部诸要素之间相互融合、互为依存、相互配合的工作机制。平台的整合意味着要素的渗透整合，在整合过程中，把握彼此之间的合作至关重要。首先是育人设计层面的合作，使两个平台间围绕着一个具体的育人目的开展活动；其次是育人过程层面的合作，使平台间的各类要素能够相互配合，彼此关照，发挥各自优势，扬长避短，使各类要素相互配合发挥育人作用；最后是育人结果层面的合作，将育人效果持续反馈到各自的平台要素中，形成良性的育人实践互动，更好地指导后期的育人活动。

第三，构建协同共建的资源配置机制。协同共建的资源配置主要解决的是平台整合过程中思想政治教育资源的使用数量、规模、结合和布局如何控制的问题，这种资源投入和配置应当以行政调节为主，建立在充分激发各资源投入主体的需求动力之上，依托自身平台的资源调配和整合优势，进行育人资源的配置整合，聚焦于打造育人资源相互协同配合的平台，使协同平台能够常态化、制度化、高效化地发挥育人功效。

第四，构建导向鲜明的考核评价机制。考评机制针对平台整合过程中的运行能否符合组织育人的效果评价，评价机制具有鲜明的价值导向意义，对平台整合运行过程中开展育人工作的绩效、协同平台建设的绩效具有十分鲜明的导引、判明、评价和激励功能。为此，应当针对平台归属不同，按照层级管理的原理建立以校级、院级、系级评价和自我评价为划分标准的层级评价体系，通过制定以分层管理、分类动态指导为逻辑的评价标准，采取以科学指标权重和标准的指标赋值为主要内容的评价方式，以目的为导向，将相关考核的合力有效性作为评级的基本目标，通过以上环节构筑起完整有效的绩效考核评价系统。

6.3.2 载体整合

思想政治教育必须依托一定的载体才能有效进行，教育主体和客体之间是通过一定的形式和手段联系起来的，载体是教育过程中不可或缺的重要因素之一，育人内容的实施、活动的开展和任务的完成无不和载体的运用休戚相关。社会的进步，特别是科技的突飞猛进带来的是信息的海量化、价值的多元化。经济社会发展现况下，组织育人工作的开展仅依靠单一的载体已然效能不足，将多种载体充分整合运用到具体的育人实践活动中可以有效提升育人的效果，是高校组织育人整合力的主要动力。组织育人载体包含传统载体和新兴载体，传统载体包括党团组织活动、培训学习活动等，新兴载体包括文化活动、大众传媒、管理服务等。只有根据组织育人的实际需要有针对性地对传统载体和新兴载体进行有效整合，也即是进行有效的融合、运行、反馈，才能使育人效果最大化。

（1）载体融合的基本逻辑

组织育人载体整合要把握载体的运用、载体的融合、载体的反馈等基本逻辑思路。

1）载体的运用。

我们知道，互动交流式的启发教育、仪式教育和情境式教育是最受教育对象欢迎的教育形式。这些教育形式都具有多种载体参与的特点，在组织育人实践中多种载体的合理运行十分重要，发挥不同载体的作用优势，进行结果的预判，有针对性地运用到具体的组织育人实践活动中，才能收到良好的育人效果。

2）载体的融合。

融合体现了事物之间的无缝对接，相互联系配合。载体的融合体现为载体间的取长补短、相互配合、协同一致，发挥融合作用大于个体之和的功效。因此，在运用载体的基础上，必须考虑如何有效发挥各类载体的作用"效能"，使彼此之间形成有效的融通、协调与配合。

3）载体的反馈。

反馈是系统和环境相互作用的一种形式，泛指发出的事物返回事物出发点并产生影响，载体的反馈就是在载体运行和融合的基础上，将载体作用育人实践中的效果加以总结提炼，形成有益的、规律性的认识和把握。载体的反馈对于有效把握载体整合规律，了解各种载体相互配合的优势和不足具有重要作用，对以后组织育人实践中载体的整合运用具有重要指导价值和意义。反馈的形式包括座谈、询问、调查问卷、实地观察等方法，通过反馈控制，将育人目的和实际的育人效果进行客观的比对，有益于对下一步育人活动的开展产生影响，并起到控制作用。

（2）载体整合的内容

高校组织育人载体的整合包括网络载体的整合、文化载体的整合、活动载体的整合。

1）网络载体的整合。

随着网络自媒体的兴起，以互联网为载体的育人形式成为思想政治教育工作方式中的"新宠"，网络载体凭借其快捷方便、灵活、多样、海量，以及可以突破时间和物理空间的障碍等特点，方便教育者利用网络开展线上的组织育人工作。网络思想政治教育载体形式主要有：博客、QQ、微信、短视频分享平台（抖音、火山小视频等）和高校 BBS 平台等。这些载体在"线上"组织育人实践中扮演着重要角色。但是正如硬币的另一面，网络思想政治教育载体因为物理空间的阻隔，传播的不确定性、内容的丰富性、操作技术的快迭代性使得教育者对网络载体承载的不良信息管理能力相对不足；大学生对网络载体中丰富的内容的鉴别和抵制能力较弱；教育者通过网络载体进行网上思想政治教育引导的能力相对较弱。因为高校各类组织的活动较为固定，因此，这些劣势就显得更为明显和突出。为此，高校必须建立思想政治教育网络载体运行机制，以此来提升育人主体运用网络载体进行组织育人实践活动的能力，提高大学生的网络素养，完善思想政治教育网站和新载体的建设，进一步完成对网络载体的整合优化，推进组织育人网络载体的整合。

首先，确立网络载体运行机制。建立完善的高校组织育人网络载体运行运转流程机制有以下三种功能：一是能有效提升网络监管人员的育人责任意识，通过机制保障确保线上的每位网络监管和维护人员都能够尽职尽责地共同维护和谐健康的网络环境，使网络资源和网络优势更好地运用到组织育人的工作实践中去。二是加强运行机制的有效建立有助于搭建起教育者和教育对象之间日常交流与沟通的平台。由于网络的便捷性已经突破时间和物理空间的束缚，教育者和教育对象之间的交流和沟通不再是单向的、一元的、固定时间和空间的，而是可以实现异地、异时的相互沟通联系，提高了组织育人的工作效率和质量。三是有利于加强对网络载体的监控。运行机制的有效开展可以方便网络载体的实时监控，通过及时对网络传播中的信息进行梳理和筛选，可以防止教育对象受到不良信息的影响。

其次，提升教育者运用网络载体开展组织育人实践工作的能力。"师者，所以传道授业解惑也。"育人工作是做人的思想工作，是开启人的心智，塑造人的灵魂的工作。所以，在高校组织育人实践活动中，教育者更要与时俱进，善于甚至熟练地使用网络工具：一是要掌握利用网络和多媒体教学的技术，善于利用网络的便捷和海量搜寻功能，及时查找最新的相关资料和时事政治新闻作为组织育人的素材，与时俱进地开展组织育人实践工作，有效提高组织育人效能。二是要能够熟练地运行相关软件，通过软件的使用及时了解和把握学生的思想动态，和教育对象在线上进行交流答疑，保证学生的健康成长。三是要熟悉学生"朋友圈"中的网络语言。大学生在日常的网络交流实践活动中，积累和创设出了大量的、独具青年学生群体特色的网络语言，网络化的语言表达体现出了网络和青年学生特征的相互叠加，既充满科技感又体现青年学生的青春气息。因此，教育者要善于捕捉这些能够拉近与学生心灵之间距离的网络语言，与时俱进地学习、了解、掌握这些新鲜词汇，更好地与学生交流，更好地做好学生的思想引领工作。

再次，提高大学生运用网络载体的素养。在育人过程中，不但要教育大学生树立远大理想和正确价值观念，同时还要教育大学生免受不良网络信息的冲击和影响，一是必须树立以马克思主义理论为指导的思维定力，充分发挥互联网的优势，将马克思主义基本理论和最新成果通过网络进行集中的展示和教育，打造组织育人红网阵地，例如，最近上线的"学习强国"APP就是这其中的代表，内容包罗万象，既有时事政治，又有科技文化；既有文字新闻，又有图片视频；既有自主学习的空间，又有打卡积分的约束，可以说是网络载体整合的代表性作品。二是要能够紧密联系大学生的实际思想。要能够把准大学生关注的热点信息和心理关切点，有针对性地对敏感话题、时事政治主题、容易产生疑惑的问题进行解疑释惑，使大学生在主动关心时事政治、关切国家大事、关注社会热点的同时，感受到祖国的强大和进步，促使大学生能够将自我的理想和中国特色社会主义现代化的建设有机融合。三是大学生在网络实践活动中，必须树立网络有边界的思想，遵守相关的法律法规，文明上网，不得在网络上随意散播不良或不实的谣言，树立青年学生蓬勃向上、积极进取的良好形象，传递网络正能量。

最后，完善思想政治教育网站和新载体的建设。思想政治教育网站要更好地发挥组织育人的作用，更好地服务于教育者和教育对象，就要科技创新、与时俱进，发挥互联网的优势，打破物理层面各类组织之间的壁垒，形成各类组织之间在育人功能上的互联互通。各类组织页面设置相关组织的网络链接，方便教育者和教育对象在线上可以及时联系和学习。同时，要精细化打磨高校各类组织的网站内容，要有特色、有内涵、有目的，主题要鲜明，网页设计也要美观、大方，就像一件艺术品一样，使浏览者打开网站链接的时候第一眼就能被网站的美观设计所吸引，同时在浏览网页内容的时候，又能从网站内容中获取相应的知识，这样才能有效运用网络开展组织育人实践工作。博客、微信、QQ、短视频等网络媒体平台越来越多地占据着青年学生的日常生活，甚至成为其生活方式的一种。因此，想要在网络媒体时代有效开展组织育人工作就是要利用这些新兴的新媒体平台，将组织育人的内容通过这些新兴的网络媒体有效地释放出来，实现组织育人优势和网络媒体优势的强强联合、有机融合、互为补充，充分发挥新载体在思想政治教育工作中的优势。

2）文化载体的整合。

高校各类组织都有其特有的组织文化，发挥着重要的文化熏陶和涵化作用，良好的组织文化能让参与其中的教育对象获得良好的参与感和获得感，产生"润物无声"的滋养涵化作用，组织文化的形成是一个长期复杂的过程，但形成之后则能够稳定地发挥育人的功能。由于高校各类组织的特点、功能和属性所限，以及树立立德树人思想导向的时间有早有晚，导致各类组织呈现出不同，甚至迥异的组织文化，缺乏整体化的方向，以党组织文化为文化核心的各类组织文化格局特点的局面还有待形成，文化载体的整合有助于高校组织育人在文化载体上形成效能的协同。

首先，坚持先进文化方向。文化载体的整合必须坚持社会主义先进文化方向，以社会主义核心价值体系建设为统领。党的十八大报告指出，建设社会主义文化强国，必须走中国特色社会主义文化发展道路。社会主义核心价值体系是兴国之魂，决定着中国特色社会主义发展方向。要深入开展社会主义核心价值体系学习教育，用社会主义核心价值体系引领社会思潮、凝聚社会共识。[①]通过文化载体的整合，使青年学生在组织系统内，以及不同组织之间感受到同样的文化熏陶，更有效地发挥组织文化有效育人的功效，使学生能够在统一的文化载体中尽快树立正确的政治观念和政治信仰，提高学生的思想政治素质，培养学生高尚的情感，升华其道德情操。

其次，党建文化与组织文化相结合。党的建设过程中形成了优秀的文化资源，党的最新理论成果、优秀党员群体代表、先进事迹的浓缩提炼等凝聚成的党建文化理应成为高校各类组织文化的基础。在此之上，各类组织在其长期运行和业务工作开展过程中，积累了反映组织特征的组织文化。这些组织文化对开展组织育人工作起着重要的推动作用，在文化载体整合过程中要抱着"扬弃"态度，将组织文化、党建文化和育人的基本化要求相一致，将这些既能起到组织育人的良好助推作用又能反映组织本身特点的优秀文化整合起来，共同助力于组织育人工作。

6.3.3　人员整合

社会是由人组成的，自然人是社会构成中最基本、最重要的元素，是社会的细胞。在高校组织中，人力资源也是育人的重要资源，人员的整合归根结底也是对组织内部人力资源的整合，人力资源的整合是高校组织育人整合力提升的前提。整合的作用是将组织内部分散的"个体"资源有序地整合起来，使整合起的资源总和发挥的功效大于每个"个体"资源相加的总和，达到"1+1>2"的育人效果。

第一，高校组织育人的人力资源分类：第一类是党团组织专职从事思想政治

---

① 胡锦涛：《坚定不移沿着中国特色社会主义道路前进　为全面建成小康社会而奋斗》，《人民日报》2012年11月8日，第1版。

教育工作的队伍，包括党务工作者、团务工作者，他们日常的工作都是围绕着对组织成员即广大党员和团员进行思想政治教育活动而开展的，他们是高校组织育人的主体资源。第二类是其他行政事务类组织的工作者，包括通识课教师、行政工勤人员等，这个组织队伍日常的工作是围绕具体事务性的工作开展的，例如：日常教学、行政管理窗口、校园管理、楼宇保洁、校园美化、校史展览工作人员，这些队伍的育人功能是通过自身的"服务"发挥作用的。这类队伍是高校组织育人的重要资源。第三类是以校友为代表的社会优秀群体队伍，这类群体不但可以为高校的发展增添宝贵的资源与财富，而且他们自身成功的案例也可以给在校学子提供示范样本，成功的案例教育往往能收到理论说教所不能及的效果，特别是和在校生年纪相差不大的"成功人士"，他们在学业、人生和工作中的成功经验对在校生来讲具有重要的启迪作用，能带来良好的"朋辈教育"的效果，这类群体是高校组织育人的补充资源。第四类是学生家长群体和社会资源，学生的教育需要学校、家庭和社会共同支撑起来才能起到最大的效果，否则很可能是"5+2＝0"，这样就需要家长群体能够扮演校外教育者的角色，在课余时间承担育人的功能；另外，一些社会资源，如感动中国年度人物、优秀共产党员代表等，这些具有代表性的人物如果能来到学校给学生上一堂生动的思政课，或者进行一次开诚布公的谈心，将会对教育对象产生极大的心理触动，产生强烈的育人"势能"。这类群体是高校组织育人的外围资源。

第二，针对高校组织育人的人力资源分类情况进行有针对性的整合。人力资源是高校组织开展育人工作的重要动力，资源整合是高校组织育人整合力提升的根本前提，针对主体资源，应当优化内部资源配置，根据这类群体的差异和行为特点，有针对性地开展适合他们行为特点的育人方式，才能起到事半功倍的效果。针对重要资源这一类群体，应当注重因岗施才，根据岗位的特点和能够发挥育人作用的大小进行相关人员的配置，使到岗人员能够借助岗位的特点发挥育人作用；针对补充资源这类群体，应当积极搭建育人平台和渠道，使这些优秀的校友群体能够在短暂的返校交流的时间里发挥育人功效的最大化。例如：可以在高校思政教育网站主页开辟知名校友介绍和微博互动专区，并设置专职人员负责微博日常的运转与服务，方便与校友沟通、更新微博资料等，还可以把日常和大学生交流沟通的经典案例形成视频或文字材料，发挥这些资源的长效育人作用。针对外围资源这类群体，应该建立相互沟通、互通有无的信息渠道，如每学期或每月开设一次家长见面日，和学生家长相互交流学生在校期间的表现，或者在校园网站上开辟"网上家长学校"或者"家长社区"等功能，使学生家长能够通过这些渠道及时了解学生的育人动向和学生的学习生活情况，使家长了解、理解、配合学校一起开展组织育人工作。

参考文献

一、文献类

[1]《马克思恩格斯选集》第1—4卷，北京：人民出版社1995年版。

[2]《马克思恩格斯文集》第2卷，北京：人民出版社2009年版。

[3]《列宁选集》第1—4卷，北京：人民出版社1995年版。

[4]《毛泽东选集》第1—4卷，北京：人民出版社1991年版。

[5]《建党以来重要文献选编》（第16册），北京：中央文献出版社1997年版。

[6]《十八大以来重要文献选编》（上），北京：中央文献出版社2014年版。

[7]《马克思恩格斯列宁斯大林论政治工作》，北京：人民出版社1964年版。

[8]《毛泽东邓小平江泽民论思想政治工作》，北京：学习出版社2000年版。

[9] 胡锦涛：《坚定不移沿着中国特色社会主义道路前进为全面建成小康社会而奋斗——在中国共产党第十八次全国代表大会上的报告》，北京：人民出版社2012年版。

[10]《习近平谈治国理政》，北京：外文出版社2015年版。

[11] 习近平：《决胜全面建成小康社会夺取新时代中国特色社会主义伟大胜利——在中国共产党第十九次全国代表大会上的报告》，北京：人民出版社

2017 年版。

［12］习近平：《在庆祝中国共产党成立 95 周年大会上的讲话》，《人民日报》2016 年 7 月 1 日，第 1 版。

［13］习近平：《把思想政治教育工作贯穿教育教学全过程开创我国高等教育事业发展新局面》，《人民日报》2016 年 12 月 9 日，第 1 版。

［14］习近平：《切实保持和增强政治性先进性群众性开创新形势下党的群团工作新局面》，《人民日报》2015 年 7 月 8 日，第 1 版。

［15］新华社：《第二十六次全国高校党的建设工作会议在京召开》，《思想政治工作研究》，2019 年第 2 期。

［16］《习近平关于青少年和共青团工作论述摘编》，北京：中央文献出版社 2017 年版。

［17］习近平：《坚持中国特色社会主义教育发展道路　培养德智体美劳全面发展的社会主义建设者和接班人》，《人民日报》2018 年 9 月 11 日，第 1 版。

［18］人民日报评论员：《立德树人有道　春风化雨无声——党的十八大以来高校思想政治工作综述》，《人民日报》2017 年 12 月 7 日，第 1 版。

［19］人民日报评论员：《坚持走自己的高等教育发展之路——一论学习贯彻习近平总书记高校思想政治工作会议讲话》，《人民日报》2016 年 12 月 9 日，第 1 版。

［20］人民日报评论员：《始终坚持社会主义办学方向——二论学习贯彻习近平总书记高校思想政治工作会议讲话》，《人民日报》2016 年 12 月 10 日，第 1 版。

［21］人民日报评论员：《沿用好办法改进老办法探索新办法——三论学习贯彻习近平总书记高校思想政治工作会议讲话》，《人民日报》2016 年 12 月 11 日，第 1 版。

［22］光明日报评论员：《坚持把立德树人作为中心环节》，《光明日报》2016 年 12 月 9 日，第 1 版。

［23］中共中央、国务院印发：《关于加强和改进新形势下高校思想政治工作的意见》，《人民日报》2017 年 2 月 28 日，第 1 版。

［24］中共中央办公厅　国务院办公厅印发：《关于进一步把社会主义核心价值观融入法治建设的指导意见》，《人民日报》2016年12月26日，第1版。

［25］中国教育报评论员：《扎实办好中国特色社会主义高校———一论学习贯彻习近平总书记高校思想政治工作会议讲话精神》，《中国教育报》2016年12月10日，第1版。

［26］中国教育报评论员：《把思想政治工作贯穿教育教学全过程》，《中国教育报》2016年12月11日，第1版。

［27］中国教育报评论员：《始终坚持人才培养正确政治方向》，《中国教育报》2016年12月12日，第1版。

［28］中国教育报评论员：《传道者先要明道信道》，《中国教育报》2016年12月14日，第1版。

［29］中国教育报评论员：《牢牢掌握党对高校工作的领导权》，《中国教育报》2016年12月15日，第1版。

［30］习近平：《在全国宣传思想工作会议上强调举旗帜聚民心育新人兴文化展形象更好完成新形势下宣传思想工作使命任务》，《人民日报》2018年8月23日，第1版。

［31］习近平：《高校思想政治工作会议上强调把思想政治工作贯穿教育教学全过程开创我国高等教育事业发展新局面》，《人民日报》2016年12月9日，第1版。

［32］习近平：《在文艺工作座谈会上的讲话》，《人民日报》2015年10月15日，第2版。

［33］习近平：《北京大学师生座谈会上的讲话》，《人民日报》2018年5月3日，第2版。

［34］习近平：《哲学社会科学工作座谈会上的讲话》，《人民日报》2016年5月19日，第2版。

［35］习近平：《庆祝中国共产党成立95周年大会上的讲话》，《人民日报》2016年7月2日，第2版。

［36］中共中央文献研究室：《习近平关于全面从严治党论述摘编》，北

京：中央文献出版社2016年版。

［37］习近平：《高校建设成为坚持党的领导的坚强阵地》，《中国纪检监察报》2019年2月22日，第3版。

二、著作类

［1］张耀灿、郑永廷、吴潜涛、骆郁廷：《现代思想政治教育学》，北京：人民出版社2006年版。

［2］黄钊：《中国古代德育思想史论》，北京：中国社会科学出版社2011年版。

［3］张耀灿：《思想政治教育学原理》，北京：高等教育出版社1999年版。

［4］郑永廷：《思想政治教育方法论》，北京：高等教育出版社1999年版。

［5］骆郁廷：《文化软实力》，北京：中国社会科学出版社2012年版。

［6］骆郁廷：《精神动力论》，武汉：武汉大学出版社2003年版。

［7］骆郁廷：《思想政治教育原理与方法》，北京：高等教育出版社2010年版。

［8］沈壮海：《思想教育的文化视野》，北京：人民出版社2005年版。

［9］沈壮海：《思想政治教育有效性研究》，武汉：武汉大学出版社2001年版。

［10］佘双好：《现代德育课程论》，北京：中国社会科学出版社2003年版。

［11］倪愫襄：《制度伦理研究》，北京：人民出版社2008年版。

［12］熊建生：《思想政治教育内容结构论》，北京：中国社会科学出版社2012年版。

［13］李斌雄：《中国共产党的价值观研究》，北京：中国社会科学出版社2003年版。

［14］项久雨：《思想政治教育价值论》，北京：中国社会科学出版社2003年版。

［15］杨威：《思想政治教育发生论》，北京：中国社会科学出版社2009年版。

［16］张世欣：《思想教育规律论》，杭州：浙江大学出版社 2008 年版。

［17］苏振芳：《当代外国思想政治比较》，北京：社会科学文献出版社 2009 年版。

［18］陈立思：《当代世界的思想政治教育》，北京：中国人民大学出版社 1999 年版。

［19］徐辉：《论群众路线论述摘编辅导读本》，北京：研究出版社 2013 年版。

［20］张国祚：《中国文化软实力研究要论选》（第 1 卷），北京：社会科学文献出版社 2011 年版。

［21］王天民等：《大学生思想政治教育创新研究》，北京：北京师范大学出版社 2013 年版。

［22］刘社欣：《思想政治教育合力研究》，北京：人民出版社 2013 年版。

［23］姜杰等：《中国管理思想史》，北京：北京大学出版社 2011 年版。

［24］刘云柏：《中国管理思想通史》（第二卷），上海：上海人民出版社 2014 年版。

［25］姜杰等：《西方管理思想史（第二版）》，北京：北京大学出版社 2007 年版。

［26］郭咸纲：《西方管理思想史（第三版）》，北京：经济管理出版社 2004 年版。

［27］郭咸纲：《西方管理学说史》，北京：中国经济出版社 2003 年版。

［28］赵新峰：《协同育人论》，北京：人民出版社 2013 年版。

［29］胡琦：《高校文化德育论》，杭州：浙江大学出版社 2014 年版。

［30］周菲：《组织行为学（第 2 版）》，北京：机械工业出版社 2014 年版。

［31］吴培良、政明身、王凤彬：《组织理论与设计》，北京：中国人民大学出版社 1998 年版。

［32］刘延庆、叶柏森：《和谐与统一大学生思想政治教育社会价值与个体价值同构》，北京：社会科学文献出版社 2016 年版。

［33］徐碧琳、陈颉：《组织行为与非正式组织研究》，北京：经济科学出版

社 2009 年版。

［34］冯刚、沈壮海：《思想政治教育发展报告 2013》，北京：高等教育出版社 2013 年版。

［35］谭德礼、江传月、刘苍劲等：《当代大学生思想特点及成长成才规律研究》，北京：人民出版社 2012 年版。

［36］王婧：《大数据时代大学生道德教育研究》，北京：现代教育出版社 2016 年版。

［37］宋富军、顾协国：《走向和谐一种新的大学发展观》，上海：上海三联书店 2007 年版。

［38］蒋家琼：《大学科学教育中实施美育的研究》，长沙：湖南大学出版社 2007 年版。

［39］钱晓田：《资源整合视域下的大学生思想政治教育》，南京：南京大学出版社 2015 年版。

［40］刘钊：《伦理视域下高校思想政治教育体系》，北京：社会科学文献出版社 2015 年版。

［41］秦正为：《马克思主义生命力研究》，北京：中国社会科学出版社 2016 年版。

［42］甘霖：《高校实践育人研究》，北京：人民出版社 2015 年版。

［43］冯刚、柯文进：《高校校园文化研究》，北京：中国书籍出版社 2011 年版。

［44］萨孟武：《中国政治思想史》，北京：东方出版社 2008 年版。

［45］［美］W. 查理德·斯科特、杰拉尔德·F. 戴维斯：《组织理论》，高俊山译，北京：中国人民大学出版社 2011 年版。

［46］［美］詹姆斯·马奇、赫伯特·西蒙：《组织》，邵冲译，北京：机械工业出版社 2008 年版。

［47］［美］约瑟夫·奈：《软实力》，马娟娟译，北京：中信出版社 2013 年版。

［48］［美］阿普尔：《文化政治与教育》，阎光才等译，北京：教育科学出

版社 2005 年版。

［49］［美］科尔伯格：《道德教育的哲学》，魏贤超、柯森等译，杭州：浙江教育出版社 2000 年版。

［50］［美］路易斯·拉思斯：《价值与教学》，谭松贤译，杭州：浙江教育出版社 2003 年版。

［51］［美］托克维尔：《论美国的民主》（上册），董果良译，沈阳：沈阳出版社 1999 年版。

［52］［美］杜威：《民主主义与教育》，王承绪译，北京：人民教育出版社 2001 年版。

三、论文类

［1］骆郁廷、李勇图：《抖出正能量：抖音在大学生思想政治教育中的运用》，《思想理论教育》2019 年第 3 期。

［2］骆郁廷、付玉璋：《论高校网络育人协同机制构建的时代价值》，《思想政治教育研究》2018 年第 8 期。

［3］骆郁廷：《论教育者先受教育的规律》，《思想理论教育》2017 年第 12 期。

［4］骆郁廷：《论网络思想政治教育的主体与客体》，《马克思主义与现实》2016 年第 3 期。

［5］骆郁廷：《思想政治教育的本质在于思想掌握群众》，《马克思主义研究》2012 年第 9 期。

［6］沈壮海、司文超：《切实加强党对高校的全面领导》，《思想理论教育导刊》2018 年第 11 期。

［7］沈壮海、董祥宾：《论新时代高校思想政治工作质量的提升》，《思想理论教育》2018 年第 8 期。

［8］沈壮海、史君：《推动思想政治教育与信息技术的高度融合》，《国家教育行政学院学报》2017 年第 1 期。

［9］刘建军：《论高校思想政治工作的育人格局》，《思想理论教育》2017

年第 3 期。

[10] 吴倩、刘建军：《扎根理论在我国思想政治教育研究中的运用》，《学校党建与思想教育》2017 年第 6 期。

[11] 佘双好：《高校思想政治工作的新变化、新观点和新趋向》，《青年发展论坛》2017 年第 1 期。

[12] 万美容：《论高校思想政治工作的科学发展》，《中国青年社会科学》2017 年第 4 期。

[13] 龙静云、张陆：《中国共产党会风与党风的互动关系辩证》，《中南民族大学学报（人文社会科学版）》2018 年第 3 期。

[14] 倪素香、倪雪：《新社会组织思想政治工作创新研究》，《徐州工程学院学报（社会科学版）》2018 年第 6 期。

[15] 李斌雄：《用先进文化的自觉自信引领党内政治文化建设》，《人民论坛》2017 年第 1 期。

[16] 项久雨：《协同育人背景下高校学生实习的再定位》，《人民论坛》2018 年第 8 期。

[17] 熊建生、程仕波：《试论习近平关于人民获得感的思想》，《马克思主义研究》2018 年第 8 期。

[18] 熊建生：《思想政治教育内容的逻辑建构》，《思想理论教育》2014 年第 2 期。

[19] 杨威、吴清清：《论思想政治教育发生的规律》，《学校党建与思想教育》2014 年第 6 期。

[20] 刘鑫渝、高伟：《高校学生社团育人机制对比研究》，《中国青年政治学院学报》2011 年第 2 期。

[21] 顾超、李青励：《试析高校社团组织建设的多维向度》，《江苏高教》2016 年第 2 期。

[21] 庞申伟、柳礼泉：《改革开放 40 年中国共产党榜样文化建构的回顾与省思》，《思想教育研究》2019 年第 1 期。

[22] 王德华、陈妮娜：《基于自我教育功能的大学生非正式组织探究》，

《教育研究》2011 年第 11 期。

　　［23］蒋广学、张勇、徐鹏：《高校网络育人工作的系统思考与实践探索》，《思想政治工作研究》2014 年第 3 期。

　　［24］吴立保：《大学组织的冲突与整合——文化的视角》，《中国高等教育》2011 年第 10 期。

　　［25］王帅：《高校党组织育人现实考察与提升路径探析》，《广西社会科学》2018 年第 2 期。

　　［26］虞晓东、刘望秀：《高校党建工作提升人才培养质量的育人路径——基于非专业素质教育视角》，《学校党建与思想教育》2012 年第 10 期。

　　［27］韩流、张彦：《高校青年自组织管理探析》，《思想理论教育导刊》2010 年第 6 期。

　　［28］屈善孝：《探析高校就业指导与思想政治教育优化对接》，《国家教育行政学院学报》2011 年第 11 期。

　　［29］程样国、黄永瑚、王德友：《试析新形势下高校院系学生党建工作功能与机制》，《学校党建与思想教育》2009 年第 12 期。

　　［30］张海明：《新时代高校"大统战"工作体系研究》，《四川省社会主义学院学报》2017 年第 4 期。

　　［31］郑雅萍、王静：《论高校后勤服务育人的时代性》，《中国高等教育》2010 年第 5 期。

　　［32］罗俊丽：《科尔伯格道德教育理论及其对中国道德教育的启示》，《思想道德教育》2008 年第 2 期。

　　［33］曹影：《价值澄清的本真蕴涵及其思想政治教育意义——读〈价值与教学〉有感》，《外国教育研究》2006 年第 3 期。

　　［34］侯爽：《关于灌输理论与思想政治教育本质的再研究》《思想理论教育导刊》2009 年第 10 期。

　　［35］王飞：《化育——德国教育学的核心概念》，《比较教育研究》2014 年第 10 期。

　　［36］张忠华、陈林：《营造教学质量文化唤醒教师育人激情》，《中国高等

教育》2010 年第 1 期。

［37］周作宇：《论大学组织冲突》，《教育研究》2012 年第 9 期。

［38］高虎城：《把握世界大势提高开放水平》，《求是》2015 年第 2 期。

［39］屈陆、戴钢书：《思想政治教育认知形成的基本规律》，《思想教育研究》2017 年第 1 期。

［40］叶静漪：《提升思想政治教育的亲和力和针对性》，《中国高等教育》2017 年第 2 期。

［41］冯刚：《思想政治教育创新发展的四个着力点》，《教学与研究》2017 年第 1 期。

［42］吴学兵、陈燕玲：《新育人格局下高校组织育人论略》，《教育评论》2018 年第 6 期。

［43］靳诺：《坚持把培育和践行社会主义核心价值观作为高校立德树人的中心工作》，《社会主义核心价值观研究》2016 年第 2 期。

［44］冯刚：《增强高校思想政治教育持续发展的内生动力》，《中国高等教育》2017 年第 13 期。

［45］刘亚男：《高校共青团育人价值体系研究》，《中国青年研究》2017 年第 11 期。

［46］林伯海、周至涯：《思想政治教育主体及其主体性的要素构成新探》，《思想教育研究》2011 年第 2 期。

［47］周敏：《网络热点事件融入新时代高校组织育人工作研究》，《内蒙古师范大学学报（教育科学版）》2019 年第 1 期。

［48］李华龙：《高校学生会组织力建设探究》，《学校党建与思想教育》2019 年第 1 期。

［49］冯刚：《着力提升大学生思想政治教育工作质量》，《人民周刊》2017 年第 10 期。

［50］邵献平、詹鹏：《文化自信：大学生思想政治教育的重要向度》，《中共山西省委党校学报》2017 年第 2 期。

［51］张博、李庆华：《论思想政治教育疏导》，《思想理论教育导刊》2017

年第 4 期。

［52］李建：《思想政治教育亲和力构成要素及形成机理研究》，《思想教育研究》2017 年第 3 期。

［53］金昕：《大学生日常思想政治教育理论研究的科学化》，《思想教育研究》2017 年第 1 期。

［54］薛云云、张立强：《网络圈群中的思想政治教育：问题检视与对策思考》，《思想教育研究》2017 年第 2 期。

［55］索春艳、张耀灿：《习近平思想政治教育主导性思想研究》，《学校党建与思想教育》2017 年第 5 期。

［56］康健：《高校隐性思想政治教育的特点及实施路径》，《学校党建与思想教育》2017 年第 8 期。

［57］范绪枝、余国政：《人格魅力感化在高校思想政治教育中的运用》，《学校党建与思想教育》2017 年第 8 期。

［58］冯刚：《思想政治理论课与日常思想政治教育协同育人的理论思考》，《学校党建与思想教育》2017 年第 21 期。

［59］郑敬斌：《思想政治教育者形象论》，《思想理论教育导刊》2017 年第 4 期。

［60］杨志玲、李维昌：《马克思主义思想政治教育利益论基础的奠定——〈共产党宣言〉所蕴含的思想政治教育利益论思想解读》，《思想理论教育导刊》2017 年第 12 期。

［61］殷豆豆：《毛泽东思想政治教育理论及其当代价值》，《思想理论教育导刊》2017 年第 6 期。

［62］唐华山：《大学生思想政治教育模块化管理的实现路径》，《学校党建与思想教育》2017 年第 13 期。

［63］陈荣武：《高校组织育人协同体系建构及其功能实现》，《思想理论教育》2018 年第 3 期。

［64］周瑞：《浅析新形势下高校后勤育人功能提升的途径》，《高校后勤研究》2019 年第 1 期。

［65］闵绪国：《思想政治教育价值形成过程的基本矛盾与具体矛盾》，《教学与研究》2017 年第 8 期。

［66］周琪：《论思想政治教育环境的生成、生活形态和自觉实践》，《教学与研究》2017 年第 10 期。

［67］王振：《论思想政治教育的"棘轮效应"——关于思想政治教育只能加强不能削弱的学理思考》，《国家教育行政学院学报》2017 年第 9 期。

［68］王树荫：《论中国共产党 90 年思想政治教育的基本经验》，《思想理论教育导刊》2011 年第 8 期。

［69］潘勇涛：《党支部在大学生思想政治教育中的作用》，《江苏高教》2009 年第 4 期。

［70］王帅：《供给侧视域下思想政治教育获得感的缘起、逻辑生成与构筑》，《江苏高教》2018 年第 7 期。

［71］卢春龙：《台湾通识教育的运行模式与理念》，《中国政法大学学报》2018 年第 1 期。

［72］王元彬、李航敏：《创新高校大学生党支部建设的实践探索》，《思想理论教育导刊》2017 年第 1 期。

［73］李根寿、胡伯项：《贯彻全面从严治党要求　切实加强高校党的建设》，《红旗文稿》2017 年第 3 期。

［74］王占仁：《高校思想政治教育如何实现全程、全方位育人》，《教育研究》2017 年第 8 期。

［75］陈娱：《论思想政治教育中客体、环体、介体的情感因素》，《社会主义科学》2009 年第 6 期。

［76］王学俭、杜敏：《高校思想政治教育供给侧改革探讨》，《思想理论教育导刊》2017 年第 6 期。

［77］王琰：《将社会主义核心价值观融入高校立德树人全过程的五个维度》，《思想理论教育导刊》2015 年第 1 期。

［78］靳玉军：《论社会主义核心价值观教育的实践要求》，《教育研究》2014 年第 1 期。

［79］王继明：《关于思想政治教育责任主体问题的几点认识》，《学校党建与思想教育》2006 年第 4 期。

四、外文类

［1］ Kohlberg L. A Just Community Approach to Moral Education in Theory and Practice ［M］. New York：Hillsdale，1985.

［2］ Kohlberg L. The Philosophy of Moral Development ［M］. New York：Harper and Row，1981.

［3］ Moral R L. Moral Education：A First Generation of Research ［M］. New York：Praeger，1980.

［4］ Schultz K，Throop R. Popular Culture ［J］. International Encyclopedia of Education，2010.

［5］ Solomon D，et al. Ritual and the Moral Life ［M］. Berlin：Springer，2012.

［6］ William D. The Moral Child：Nurturing Children's Natural Moral Grouth ［M］. New York：Free Press，1988.